強くなるボクシング

元WBA世界スーパーフェザー級スーパー王者
内山高志 監修

成美堂出版

はじめに

2010年1月11日、メキシコのフアン・カルロス・サルガドを12回TKOで下し、WBA世界スーパーフェザー級チャンピオンの座を手に入れました。

夢が叶った瞬間でした。

そのとき、30歳。25歳８カ月で遅めのプロデビューを果たしたことを考えると、駆け足で階段を上がってきたと言えるかもしれません。ですが、ボクシングと出会ってからそこに至るまでの道のりは、今振り返っても壮絶を極めたものでした。

決して才能やセンスに恵まれたわけではない自分が世界の頂点に立てたのは、家族とこれまで出会ったすべての人たちのおかげです。そうした縁に最大限の努力で報いようと頑張ってきました。

ボクシングを高校で始めた頃は、「世の中にはこんなにキツいものがあるのか」と驚いたことを覚えています。最初の３カ月はひたすら基本練習。サンドバッグをたたくことすらできず、3日間、ひたすらシャドーでジャブを打ち続けたこともありました。体に覚え込ませるために、鏡の前で延々とファイティングポーズを取り続けたこともあります。それでも練習をサボることは絶対になく、どれだけ疲れて帰ってきてもロードワークは欠かしませんでした。

大学生の頃は、テレビのボクシング中継もよく見ていました。必ず録画し、同じシーンを何度も見返していたほどです。

「どうしてこの選手はこんなにパンチが強いのだろう」

「このパンチはどうやって打てばいいのだろう」

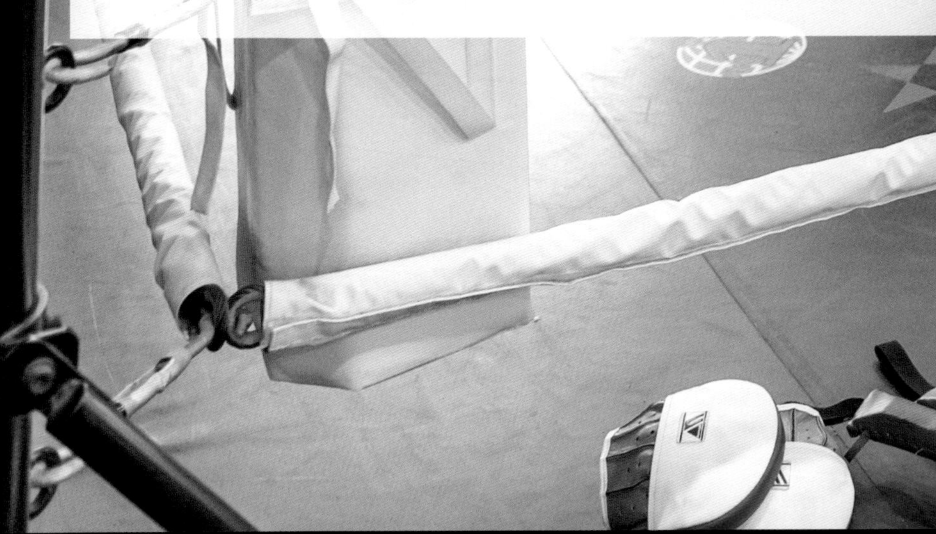

そうやって自分なりに研究・分析し、「これは俺も使えそうだな」と思ったものは、その場でシャドーをするなどすぐに練習に取り入れました。何でもそうだと思いますが、やらないとすぐに忘れてしまいますから。でも、その甲斐あって、少しずつ強くなっていく自分を実感できるようになったのです。

練習は嘘をつかない。

ボクシングをやる上でずっと大切にしてきた信念です。

大事なのは、練習の質と量です。練習でできないことは試合でもできません。そう信じて練習すれば、必ず強くなれます。

本書では、基本的なパンチの打ち方からコンビネーション、試合に必要な戦術・戦略に至るまで、レベルアップするためのポイントをたっぷりと詰め込みました。

少しでも「試してみようかな」と思ったら、すぐに実行に移してください。基本ができていなければ、実戦にはつながりません。強いパンチを打とうと思ったら、体に覚え込ませるまで反復練習を繰り返しましょう。ジャブにしてもストレートにしても、あるいはステップ一つとっても、頭で考えるのではなく、自然と体が動くようにすることが大事です。

この本が、強くなりたいと願う人たちの一助になれば、それに勝る喜びはありません。

内山高志

CONTENTS

Part 2 応用編

CONTENTS

Part 3 実戦編

Part 4 トレーニング編

本書の読み方

本書は、基本編、応用編、実戦編、トレーニング編の４つのパートで構成しています。巻末には「ボクシングQ＆A」と「用語解説」を掲載しました。

Part 1 ／ 基本編

左フック

腕を「く」の字に曲げ、体の回転を利用して打つのがフックだ。相手のガードを崩すだけでなく、一発で相手を倒すなど多彩な打ち方ができる。フェイントやコンビネーションの役割もあるので、基本をしっかり身につけておきたい。

1 リラックスして構える
右足と左足の重心の割合は50：50。相手から目を離さないこと。

2 重心を左足に置く
左足に軽く重心を移動し、左拳を素早く引いてタメを作る。モーションが大きくなると相手に読まれるので、できるだけコンパクトな動きを心がける。

3 体を回しながらパンチを打つ
拳の軌道が円を描くように体を回し、水平に腕を振り抜く。相手のガードの外側から打ち抜くイメージ。下半身を意識し、ひざ、腰の動きをしっかり入れる。

4 前足のつま先に体重をかける
インパクトの瞬間にパンチを止めると、コンビネーションにつなげやすい。相手のカウンターを受けるので、ガードは下げないこと。

POINT ひじは固定して打つ
ひじの角度は相手との距離によって変わる。ただし、開いたひじを閉じながら打つとパンチの威力が半減する。ひじはしっかり固定して打つこと。

クセを直す
後ろ足のかかとに体重をかけない
後ろ足のつま先が浮くと、体重がかかとにかかって力が逃げてしまう。また、体が回りすぎると、次の動きが遅くなって相手の反撃を受けやすくなる。

18　19

本書では、右構えのオーソドックススタイルを基本に解説しています。

クセを直す
やってしまいがちなミスを取り上げ、その対策を解説しています。

バリエーション
テクニックの幅をさらに広げるための解説です。

〈Part 1　基本編〉

POINT
テクニックを習得するためのポイントをわかりやすくまとめています。

2人1組の対戦形式の写真は、「白いシャツ、赤いグローブ」のモデルの動きを解説しています。「黒いシャツ、青いグローブ」のモデルが対戦相手です。

Part 3 ／ 実戦編

ジャブの差し合い

ボクシングの試合のほとんどは、お互いがジャブを打つところから始まる。それを「ジャブの差し合い」といい、試合を組み立てる上でとても重要な局面だ。ここで相手との距離をつかむことができれば、勝機はぐっと近づいてくる。

いかに相手にやりづらくさせるか、ジャブの打ち方に変化を加える

パンチを打ち分けて、相手の集中を散らす

上からのパンチ

下からのパンチ

93

〈Part 3　実戦編〉

Part 1
基本編

Part 1ではボクシングをする上で最も大切な基本から紹介する。すべての動きの土台になるのが構えだ。正しいフォームを身につければ、より強いパンチが打てるし怪我も少ない。パンチは足で打つと言われるように、フットワークも欠かせない。ディフェンスが疎かになっては、試合で勝つのは難しいだろう。頭で考えなくても自然と体が動くようになるまで、同じ動作を繰り返すのがポイント。スマホで撮影したり、鏡を見たりして練習するなど、自分のフォームを客観的に確認してみよう。

構え

やや半身にする

右拳はあごの前、左拳は目線の高さに合わせる。肩に力が入らないようにリラックスして構え、やや半身にする。軽くあごを引き、まっすぐ相手を見る。

均等に重心を乗せる

両足のひざを軽く曲げ、右足のかかとを少し浮かせる。スタンスの幅、角度に決まりはない。接近戦が得意なファイターは、相手の懐に飛び込むため腰をぐっと落として構えることが多い。重心は両足に均等に乗せるようにする。

ボクシングをする上で、すべての基本となるのが構えだ。骨格やファイトスタイルに合わせて、自分なりの構えを身につけておこう。適切な構えは、自分の急所を守るだけでなく、強いパンチを打つための発射台にもなる。

鏡の前で構えて確認する

脇は適度に締めておく。その理由は、脇を締めた状態から打つパンチは、相手からすると軌道が見づらく、かわしづらいから。相手にパンチを打たれたときに、ガード（防御）を兼ねられるという利点もある。逆に脇が開きすぎると、予備動作が大きくなるため相手にパンチの軌道を読まれやすい。また、防御の際も相手のパンチをまともに受けてしまうという欠点がある。どうやって構えたら相手が攻めづらいかを、鏡の前で確認しよう。

クセを直す

悪いクセは早めに修正する

ガードが下がっていると守備が疎かになりやすい（左）。ひざが伸びていては、スムーズな動きにつなげられない（中央）。相手に対して両足が縦に並んでいると、バランスが悪くなり、力が入りづらい（右）のでいずれもNGだ。

ジャブ

1 重心の割合は50：50

構えるときは、右足と左足の重心の割合が50：50。肩に力が入るとスムーズにパンチを出せないので、リラックスして構える。

2 水平にパンチを打つ

右半身を残しつつ、左肩を前に出すイメージでパンチを打つ。パンチの軌道は目線に対して水平。前足のひざを軽く曲げることで、パンチの距離が伸びる。

相手に近づいて放つジャブには、牽制したり、距離を取るなど様々な狙いがある。速く、正確な打撃が加えられるのが利点だ。ディフェンスがいい相手にも、コンビネーションに組み合わせることで優位な展開に持ち込むことができる。

当たる瞬間に拳を握る

パンチが当たる瞬間に拳を握るのが基本。手首を痛めないように、手首と腕は一直線にする。

クセを直す

前足に体重を乗せすぎない

前足は指全体に体重を乗せる。ただし、体重を乗せすぎると、相手にパンチをよけられたときに素早く反応できない。元の位置に戻るのが遅くなり、相手のカウンターを受けるリスクがある。後ろ足にも体重を残しておくのがポイント。

内側にひねるように打つ

パンチを打つときは、標的に向かってまっすぐ腕を伸ばす。内側にひねるように打つイメージ。相手が動いたからといってパンチが横に逸れてしまうと、力が分散されて威力のあるパンチが打てない。

ストレート

1 リラックスして構える

2 後ろ足で踏み込む

後ろ足で踏み込んで、足から体を回していく。左腕のガードは上げたまま、あごをしっかり守る。前傾になりすぎないように、上半身のバランスを保つ。

体の下から回していく

足→腰→肩と体の下から順に回し、前方に体重をかけていくようにして、最後に拳を出す。上半身だけを回すと、力が抜けて強いパンチが打てない。拳を出すときは、体が流れないように、前足でブレーキをかけるようにする。

利き腕で打つパンチで破壊力は十分。相手に大きなダメージを与えられる。構えたところから、最短距離でまっすぐ打つのがストレートのポイントだ。打ち終わったあとにガードを下げたりバランスを崩すと、相手に反撃されるので注意。

3 回転運動でパンチを繰り出す

パンチの軌道は目線に対して水平。足に続いて、腰、肩と体の下から回していく。上体が前に出たり、重心が浮いた状態だと力が入らない。回転運動が基本。

4 後ろ足で踏ん張る

顔を正面に向け、体が前のめりにならないよう前足でブレーキをかけつつ、後ろ足でしっかり踏ん張る。ガードを上げたまま、素早く元の体勢に戻る。

クセを直す

後ろ足を床から浮かしすぎない

後ろ足を床から浮かしすぎると、前に体重が乗りすぎて次の動きにつなげられない。ひざがピンと伸びたり、打ったあとにガードを下げるのもNG。

ストレート

パンチはまっすぐ出す

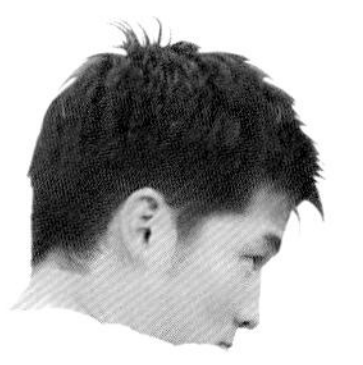

パンチはあごの位置から「まっすぐ突き刺す」イメージで強く打つ。拳を握るのは、相手にヒットする瞬間。パンチが横に流れると、力がうまく拳に伝わらないので注意。

ここに
注目！
2

少し重心を下へ落とす

打ち終わった瞬間に、少し重心を下へ落とす。体は前に流れないように、前足でブレーキをかけ、後ろ足で踏ん張るようにする。後ろ足は前足に近づけすぎないように。

ここに注目！③

ガードは上げておく

パンチに気を取られて、防御を疎かにしないこと。ストレートはモーションが大きいため相手に動きを読まれやすく、反撃を受けないようにガードを上げておくことが重要だ。

ここに注目！④

ボディを打つときは腰を落とす

相手のボディをストレートで狙うときも、基本的なフォームは同じ。しっかり腰を落として、あごの位置からまっすぐパンチを繰り出す。前のめりにならないように注意。

左フック

1 リラックスして構える

右足と左足の重心の割合は50：50。相手から目を離さないこと。

2 重心を左足に置く

左足に軽く重心を移動し、左拳を素早く引いてタメを作る。モーションが大きくなると相手に読まれるので、できるだけコンパクトな動きを心がける。

ひじは固定して打つ

ひじの角度は相手との距離によって変わる。ただし、開いたひじを閉じながら打つとパンチの威力が半減する。ひじはしっかり固定して打つこと。

腕を「く」の字に曲げ、体の回転を利用して打つのがフックだ。相手のガードを崩すだけでなく、一発で相手を倒すなど多彩な打ち方ができる。フェイントやコンビネーションの役割もあるので、基本をしっかり身につけておきたい。

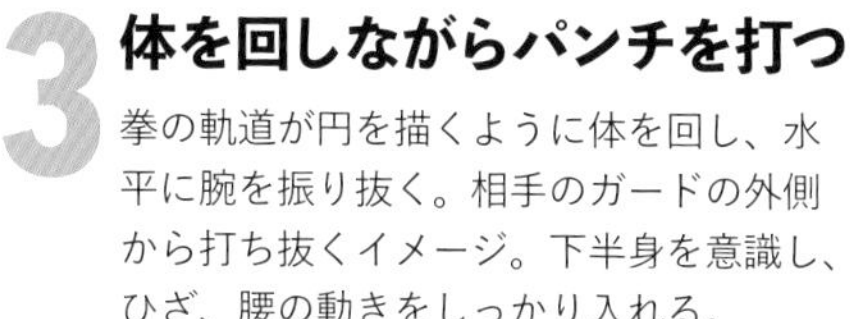

3 体を回しながらパンチを打つ

拳の軌道が円を描くように体を回し、水平に腕を振り抜く。相手のガードの外側から打ち抜くイメージ。下半身を意識し、ひざ、腰の動きをしっかり入れる。

4 前足のつま先に体重をかける

インパクトの瞬間にパンチを止めると、コンビネーションにつなげやすい。相手のカウンターを受けるので、ガードは下げないこと。最後は前足のつま先体重に。

クセを直す

後ろ足のかかとに体重をかけない

後ろ足のつま先が浮くと、体重がかかとにかかって力が逃げてしまう。また、体が回りすぎると、次の動きが遅くなって相手の反撃を受けやすくなる。

右フック

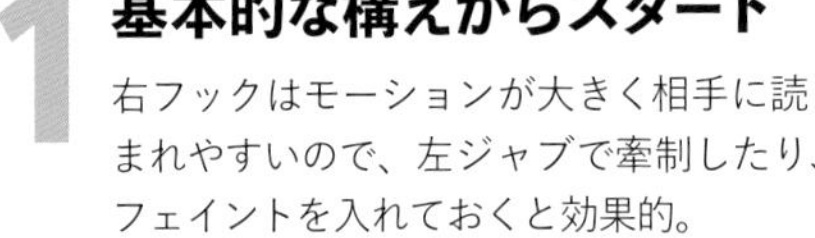

1 基本的な構えからスタート

右フックはモーションが大きく相手に読まれやすいので、左ジャブで牽制したり、フェイントを入れておくと効果的。

2 左足のつま先に体重を乗せる

パンチを打つ瞬間、右足にも残しつつ左足のつま先に体重を移動。重心を移動しつつ、腰、肩と順番に回転させる。ひじの角度を固定したまま、腕を水平に振る。

フォームはストレートと同じ

下半身の使い方や体重移動の仕方など、基本的なフォームはストレートと同じ。足、腰、肩と体の下から順に回転させ、最後は拳の軌道が円を描くように打つ。

オーソドックスの選手が利き腕で打つ右フックは、遠心力を生かした重いパンチが打てるので、KOを狙える破壊力がある。相手を横になぎ倒すイメージで打つがモーションが大きくなりやすいので、単発より他と組み合わせると効果的だ。

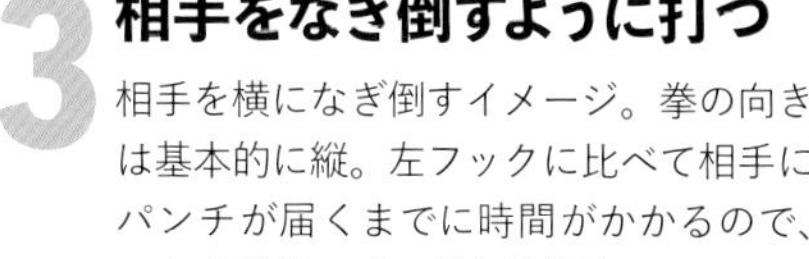

3 相手をなぎ倒すように打つ

相手を横になぎ倒すイメージ。拳の向きは基本的に縦。左フックに比べて相手にパンチが届くまでに時間がかかるので、できるだけスピードを重視する。

4 後ろ足で踏ん張る

前足でブレーキをかけて、後ろ足で踏ん張る。打ち終わったら素早く体勢を戻して次の動きにつなげる。相手はカウンターを狙っているのでガードは下げない。

クセを直す

体が浮かないように注意

ストレートと同様、打ち終わりに体が浮いたり、前方へ流れたりすることも多い。前足でブレーキをかけ、体の回転を生かして拳にしっかりと体重を乗せること。

左アッパー

1 リラックスして構える

相手との距離が近い接近戦になっていることを想定して、ガードはしっかり固めておく。

2 左足に体重移動

上体をやや左に傾け、左足に体重を移動させる。右のガードは下げない。相手にモーションを読まれないよう、できるだけコンパクトに動く。

跳ね上がるように打つ

ひざのバネを使って下から跳ね上がるようにすると、強いアッパーを打つことができる。左アッパーは使い方次第でコンビネーションのバリエーションが増えるので、積極的に使っていきたい。

下から突き上げるようにして打つアッパーは、接近戦で使われることが多い。相手の死角を突くので、コンビネーションに組み込むと有効だ。相手のブロックを崩してあごにヒットすることができれば、大きなダメージを与えられる。

3 下から突き上げる

上体を回転させる反動を利用して拳を下から突き上げる。相手のガードが固いようなら、ここからパンチをボディに持っていっても有効。右足で床を蹴る。

4 ひざのバネを使う

ひじを曲げたまま、相手の真下から突き上げるように打つ。ひざのバネを利用すると、より強力なアッパーが打てる。

クセを直す

上体を反らない

コンパクトな動きが理想だ。大振りをすると、相手の反撃を受けやすくなる。また、上体を後ろに反らすと、あごも一緒に上がってしまうのでリスクが高まる。

右アッパー

1 リラックスして構える

このときジャブなどで牽制しておけば、相手の目線を上に逸らす効果がある。

2 右足に体重を乗せる

構えの姿勢から、右足に少し体重を乗せる。

他のパンチと組み合わせる

右アッパーはモーションが大きく、単発では相手に当たりにくい。そのため、他のパンチと組み合わせて、相手の意表を突くことが重要だ。強力な攻撃なので、当たればKOを狙うこともできる。

接近戦で、相手が繰り出してきたパンチを外して打つことが多い。左アッパーと同様、下から突き上げるようにして打つが、体重を乗せることでより重いパンチを打つことができる。ストレートのように、体の回転運動を生かして打つ。

3 右足で強く蹴り込む

右拳を下げ、右足で強く蹴り込む。モーションが大きくなると、相手のカウンターを受ける可能性があるので注意。左のガードもしっかりと上げておくこと。

4 下から拳を突き上げる

肩を内側に絞って、右ひじを曲げたまま右拳を下から突き上げる。右足でしっかり床を蹴ることで、腰が入った強い右アッパーが打てる。

クセを直す

後ろ足のひざは伸び切らない

打つときに後ろ足のひざが伸び切ってしまうと、力強いパンチは打てない。元の体勢に戻るのも遅れるので、カウンターを受けるリスクが高まる。左手のガードも上げておくこと。

基本のステップ

ステップイン

1 自然な構えからスタート

2 すり足で前足を出す

ひざを柔らかく使って後ろ足で床を蹴り、体と一緒に前足をすり足で前方に送り出す。このとき、上にジャンプしないことが重要。床に対して水平に移動するイメージ。

3 ほぼ同時に引き寄せる

前足が着地する瞬間、ほぼ同時に後ろ足を引き寄せる。素早く次の動きに移れるように、移動したあとも1とスタンスの距離を変えないこと。

ボクシングにおいて欠かせないスキルの一つがフットワークだ。試合中は、足を使って相手との距離を測りながら、間合いをコントロールしていく必要がある。単調で地味な練習かもしれないが、一つひとつ積み重ねていってほしい。

相手の懐に飛び込んで パンチを繰り出す

相手との距離を一気に縮めたいときに使うのがステップインだ。踏み込みの力を利用して、破壊力のある攻撃を生むことができる。ポイントはひざを柔らかく使うこと。相手の懐に飛び込むので、ガードを下げないことも重要。

クセを直す

同じ距離で移動する

前足と後ろ足は同じ距離を進むこと。前足と後ろ足の距離が近すぎたり遠すぎたりすると、バランスが崩れて動きが遅くなる。また、腰を低くしたまま移動し、ジャンプはしない。

基本のステップ

バックステップ

1 自然な構えからスタート

2 すり足で後ろ足を下げる

相手から目を離さず、すり足で後ろに下がる。ひざを柔らかく使い、前足で床を蹴り、体と一緒に後ろ足をすり足で後方に下げる。床に対して水平に移動するイメージ。

3 ほぼ同時に引き寄せる

後ろ足が着地する瞬間、ほぼ同時に前足を引き寄せる。素早く次の動きに移れるように、移動したあとも1とスタンスの距離を変えない。

バックステップを使って相手の射程圏内から移動する

相手のパンチをよけるときに使うバックステップは、前方へのステップと逆の動き。前足で床を蹴って後ろ足を下げ、同時に前足を引き寄せる。ピョンと飛び上がらないように、すり足で下がるのがポイント。

基本のステップ

サイドステップ

1 相手に対して半身で構える

2 右足で蹴り出す

右足で蹴り出して、体を滑らせるように移動を開始。

3 移動したい方向に左足を出す

右足の蹴った勢いを利用して、左足を横へ移動させる。ステップの幅は大きく取りすぎない。

4 右足を引き寄せる

ひざのバネを使って柔らかく動き、右足を左足に寄せる。コンパクトな動きを心がける。

ターン

1 相手に対して半身で構える

2 移動したい方向に左足を出す

足の裏が床と水平になるように移動させる。

クセを直す

クロスさせて、両足を一直線に並べない

3で、右足を後ろに大きくクロスさせて、両足が一直線に並ばないように注意する。一直線に並ぶとバランスが悪くなる。

構えの姿勢をキープしたまま、左右に移動して相手の攻撃をよける。真横に動く（サイドステップ）というよりも、相手を中心に円を描くように移動。ディフェンスの基本となる動きなので、繰り返し練習して体に染み込ませておきたい。

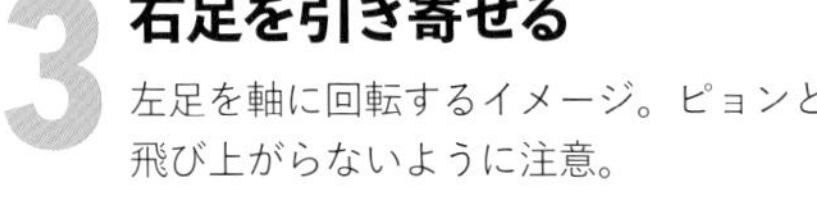

3 右足を引き寄せる

左足を軸に回転するイメージ。ピョンと飛び上がらないように注意。

4 元の姿勢に戻る

スタンスの幅は1と同じ。コンパクトな動きを心がける。

ひざを柔らかく使う

慣れてきたら、相手のパンチをよけるイメージをしながら回ってみよう。ひざを柔らかく使うのがポイントだ。ひざが棒立ちになると動きが遅くなるので、相手のパンチをもらいやすい。はじめは、ターンの中心となる位置に目印になるものを置いて練習してもよい。

パーリング

1 相手をよく見る

半身になって構え、相手の動きをよく見ておく。

2 相手のパンチに手のひらを合わせる

相手が打ってきたパンチに、手のひらで合わせる。相手が左で打ってきたら右手でパーリングをするのが一般的。

3 手のひらでパンチをはじく

そのまま手のひらで相手のパンチをはじく。拳をたたき落とすというよりも、受け流すイメージ。できるだけモーションを小さくし、パンチの軌道を逸らす。

相手のパンチを手のひらで受け流す防御をパーリングという。パンチの軌道を逸らし、相手のバランスを崩すことができるため、スムーズに次の攻撃へと移れるメリットがある。相手に隙が生まれたら、一気に攻撃へと転じたい。

顔とグローブの間に空間を作る

構えるときに顔とグローブを密着させると、パンチの衝撃がグローブを抜けてくるのでダメージを受けやすい。ポイントは、顔とグローブの間に空間を作っておくこと。その空間がクッションになり、相手のパンチの威力を吸収できる。手首をリラックスさせて、相手のパンチを柔軟にさばくのがコツ。

バリエーション

両手パーリングでダメージを抑える

相手がストレートを打ってきたときは、両手でパンチを受けるパーリングもある。動きとしてはブロッキングに近いが、ダメージを最小限に抑えることができる。ただし、相手に連打されやすく、なかなか攻撃に移行できないデメリットもある。

クセを直す

腕を出しすぎるのはNG

腕を出しすぎたりパンチをたたきつけるようにすると、相手がフェイントをかけてきたときに顔面がガラ空きになるので注意が必要だ。また、手を前に出して構えるボクサーもいるが、まずは基本の形を身につけておきたい。

ブロッキング

フックに対する
ブロッキング

常に反撃の機会をうかがう

相手のパンチをブロック

脇を締めて基本姿勢を取り、相手のパンチに合わせて腕やひじ、肩、グローブでブロックする。隙間から相手のパンチをよく見ておくこと。

相手のパンチの勢いに負けないよう、タイミングを合わせて腕に力を入れる。守ってばかりでなく、反撃の機会をうかがいながら次の動きに備える。

文字通り、腕やひじ、グローブを使って相手のパンチをブロックするのがブロッキングだ。防御の基本で、体を丸めて相手のパンチを受け、ダメージを軽減させる。防御といってもただ打たれるのではなく、常に次の攻撃を考えておこう。

バリエーション

ボディブローに対する
ブロッキング

アッパーに対する
ブロッキング

パンチを打ち込まれる隙間を小さくする

すべてのブロッキングに共通するのが、ひじをしっかり固めて、相手がパンチを打ち込む隙間を小さくすること。やや猫背気味に構え、グローブで顔を隠すようにする。また、ブロックごと相手に弾き飛ばされないように、パンチが当たる瞬間に腕にグッと力を入れることも重要だ。

クセを直す

相手に攻撃の隙を与えない

隙間を作らないことがブロッキングの基本。両ひじの間隔が開きすぎると、間からパンチを打ち込まれるので危険だ（左）。また、脇が開いていると、ボディをもらってしまうので注意しなければいけない（中央）。パンチを受けるときにのけぞるのも、次の動きが遅くなるのでNG（右）。

ダッキング

1 相手に対して半身で構える

基本姿勢で構えながら、向かってくるパンチにタイミングが合わせられるように、相手をよく見る。

2 ひざを使う

ひざを曲げて柔らかく使い、上体をかがめる。

ひざのバネを使って体を揺らし、相手のパンチを紙一重でかわす防御法。アヒル（DUCK）が水面をくぐるように、素早く身をかがめるイメージだ。相手の懐に潜り込むことができれば、スムーズに攻撃に転じることができる。

3 パンチをかわす

次の動作にすばやく移れるように、コンパクトな動きでパンチをかわす。

動きをコンパクトに

頭を振りすぎて視線が相手から逸れてしまったり、背中を丸めてしまったりしないように注意する。できるだけ動きをコンパクトにして、スムーズに次の攻撃に移る。

ウィービング

1 相手を視界に入れておく

相手がパンチを打ち始めるのと同時に動き出せるよう、相手をよく見ておく。

2 ひざを使って体を沈める

相手が左フックを打ってきた場合、左足から右足へと体重を移動しながらひざを柔らかく使って体を沈め、パンチをかわす。

フック系のパンチをよけるときに有効で、素早く身をかがめて相手のパンチをかわす。コンビネーションに組み込むことが多く、攻撃から防御、防御から攻撃へと素早く移行できるのがメリット。相手の懐に素早く潜り込むことができる。

3 元の体勢に戻る

パンチをよけている間もよけ終わってからも相手から目を離さないこと。パンチを空振りした相手には隙が生まれているので、反撃のチャンスだ。

POINT 相手を視界に入れておく

パンチをよけているときも相手から目を離さないこと。パンチを空振りした選手からすれば、相手が左腕に隠れて視界から消えたように感じることもある。隙が生まれるので、反撃の大きなチャンスだ。

相手に的を絞らせない

パンチを打ち終わったら自然の流れでウィービングに入るクセを身につけておこう。上体を左右に振るウィービングは、相手に的を絞らせないようにするためにも有効な防御だ。ミット打ちの練習で、トレーナーに左右のフックを打ってもらってもよい。

クセを直す

上半身はできるだけ起こす

背中を丸めてパンチをよけようとすると、相手から視線が外れて次の攻撃に移れない。ひざの柔軟性を生かして、上半身を起こしたまま腰を落とす。

スウェーバック

コンパクトな動きを心がける

あごを引き、ガードを上げたまま上体を後ろに反らす。コンパクトな動きを心がけ、相手から目を離さないこと。相手との距離を測ることも重要。

上半身を後ろに反らして、相手のパンチをよける。大事なのは距離感で、鼻先一つで相手のパンチをかわせれば、素早く次の攻撃につなげることができる。リスクが高い技術だが、マスターすれば攻守において大きな武器になる。

よけたらすぐに上体を戻す

上半身を反らすタイミングが遅れると、パンチをもらうリスクが高まるので注意。よけたあとは、相手がパンチを引くタイミングに合わせて上体を元に戻す。

よけたあとが反撃のチャンス

スウェーバックは相手がジャブやフック、ストレートなど顔面を狙ってきたときに有効で、タイミングよくよけられたら反撃のチャンスになる。攻撃に集中している相手は、防御が疎かになっている可能性があるからだ。一方、スウェーバックは防御の中でも高度な技術で、距離とタイミングを見誤るとパンチを被弾する可能性が高くなる。他の防御を組み合わせて、相手に的を絞らせないことが重要だ。

クセを直す

怖がって目をつぶらない

相手のパンチを怖がって目をつぶらないことが、すべてのディフェンスに共通するポイントだ。もちろん、パンチが来たのを見てからよけていては間に合わない。スムーズに動けるように、反復練習で体に染み込ませておこう。

Part 2
応用編

パンチやディフェンスを組み合わせて連続で繰り出していくことをコンビネーションと言う。最も基本的なコンビネーションがジャブとストレートを組み合わせたワンツーで、まずはこれを習得して練習を重ねれば、そのパターンは無限に広がっていくだろう。練習で自分なりのコンビネーションをマスターして、強力な武器にしたい。
Part 2ではさまざまなコンビネーションを中心に、ボディブローやカウンターの打ち方なども紹介していく。

ボディブロー

1 距離を縮める

ボディブローは接近戦で有効。パンチが届くように、相手との距離を縮める。

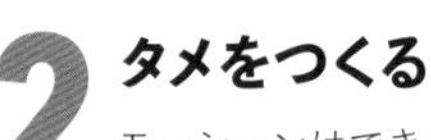

2 タメをつくる

モーションはできるだけ小さく、左肩を引いてタメをつくる。

腹部に打つパンチがボディブローだ。「レバー（肝臓）」か「みぞおち」にクリーンヒットすれば一発でダウンを奪えるほどの威力がある。繰り返し打つことで相手からスタミナを奪う効果もあり、覚えておきたいパンチの一つ。

3 ひざのバネを使う

ひざのバネを使って、力のあるパンチを繰り出す。ガードは下げないように。

4 まっすぐ突き刺す

相手の「レバー（肝臓）」か「みぞおち」を狙う。拳はまっすぐ突き刺す。

ボディブロー

ここに注目！❶

レバーかみぞおちを狙う

打撃が認められているのは、選手が身につけているトランクスのベルトラインよりも上。それよりも下に攻撃すると「ローブロー」の反則となる。腹部の中でも特に有効な箇所が「レバー（肝臓）」か「みぞおち」で、クリーンヒットすれば相手に大きなダメージを与えられる。

ここに注目！❷

ガードの位置によって狙いを変える

相手のガードの位置によって狙う位置を変える。相手のガードが開いていてボディの正面が空いていれば「みぞおち」を、相手のガードが閉じていて脇が空いていれば「レバー」を狙う。ジャブやフックを交えながら、相手のガードを崩すのも戦略の一つ。一発で倒せなくても、何度もボディブローを打ち込むことで相手からスタミナを奪う効果がある。

ここに注目！ 3

パンチの軌道を変える

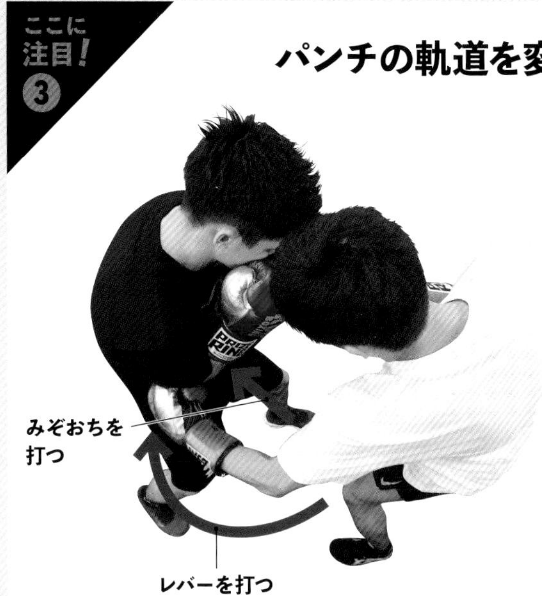

ボディブローを打つときのパンチの軌道は主に２種類。みぞおちを狙うときはまっすぐ突き刺すように打つ。一方、相手の脇が空いていてレバーを狙うときは、パンチを外から回すようにして打つ。相手をよく観察し、状況に応じてパンチを打ち分けるのがポイント。

ここに注目！ 4

体を開かない

体を開いてパンチを打つと、力が入らないだけでなく防御が疎かになって反撃を受けやすい。しっかりと踏み込んで、腰を入れてパンチを打つ。ガードは常に上げておくこと。

縦拳で打つアッパー

1 右アッパーの体勢に入る

基本的な体の使い方は24 ～ 25ページと同じ。

2 拳を縦にして打ち抜く

25ページでは拳の向きは横だが、ここでは縦にしている。

接近戦で使うことが多いアッパーだが、拳の向きを変えるだけでガードをすり抜けやすくなり、一撃で相手をマットに沈めるフィニッシュブローになる。コンビネーションに組み込んで、相手のガードに隙間ができた瞬間を狙おう。

コンビネーションに組み込む

ひざ、腰、肩を回転させるなど、アッパーを打つときの体重移動はストレートと同じ。後ろ足でしっかり床を蹴ることで、より重いパンチを打つことができる。ただし、オーソドックスの選手が打つ右アッパーは、モーションが大きくなるため相手に動きを読まれやすい。他のパンチで相手の目線を散らすなど、コンビネーションに組み込もう。

縦にした拳で打つ

拳を横にして打つのがアッパーのセオリーだが、ガードを固めた相手には当たりづらい。拳を縦にすると相手のガードをすり抜けることができ、当たれば相手に大きなダメージを与えることができる。

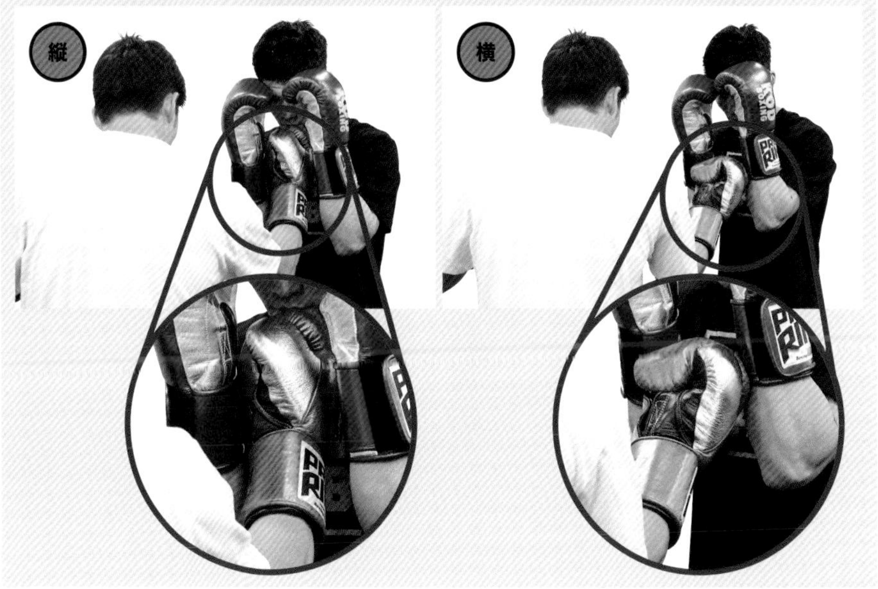

コンビネーション①
ワンツー

1 ジャブで相手の気を逸らす

基本姿勢を取り、前足を踏み込んでジャブを入れる。右のガードを残しておくことが重要。ジャブは、相手の気を逸らす気持ちで打つ。

2 左拳を引く瞬間にストレート

ジャブを打った左拳を引く瞬間にストレートを打ちはじめる。慣れてきたら、スピードを上げて左右のパンチを打つ間隔を短くしていく。

最も基本的なコンビネーションがワンツーだ。「ジャブ」→「ストレート」が一般的な形。練習で一つひとつの動きを確認し、慣れてきたらさまざまなパターンのワンツーにトライしたい。基礎を磨けば、試合で使える強力な武器になる。

3 体の回転を利用して打つ

足、腰、肩の回転を利用して、力強いストレートを打つ。タイミングが遅くなると、相手にカウンターを打ち込まれることがあるので注意。打ち終わったら、相手の攻撃を警戒しながらすぐに体勢を戻す。

音でリズムをつかむ

慣れてきたら、スピードを上げて「ワン」と「ツー」の間隔を短くしていく。そうすることで、速くて威力のあるワンツーが打てる。音でリズムをつかむのも一つの方法だ。テンポを「パン・パン」から「パパン」に上げていくのがコツ。

「ワン」を強く打とうとしない

「ワン」のジャブで相手を牽制し、「ツー」のストレートでダメージを与えるイメージ。「ワン」を強く打とうとすると、モーションが大きくなって全体的にスピードが遅くなる。「ツー」が遅れると、相手からの反撃の受ける危険がある。相手にタイミングを合わされないように、パンチを打ち終わったら素早く体勢を戻そう。

コンビネーション②

上下に打つワンツー

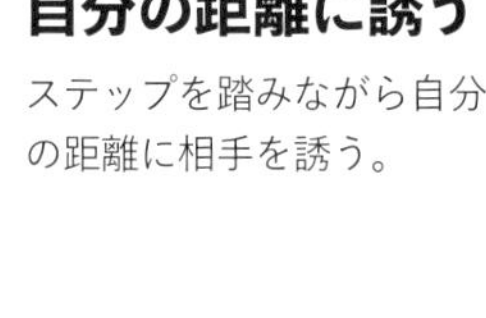

1 **自分の距離に誘う**

ステップを踏みながら自分の距離に相手を誘う。

2 **フェイントをかける**

相手の顔に拳を突き出してフェイントをかける。

レベルアップに欠かせないテクニックの一つが、上下に打ち分けるワンツーだ。相手の顔面にパンチを繰り出してフェイントをかけ、ガラ空きになったボディを狙う。しっかり腰を落として相手の懐に入るのがポイント。

3 体を沈ませる

ひざを曲げて体を沈ませ、相手の視界から消える。あごを引いて行う。

4 ストレートを突き刺す

相手の「レバー（肝臓）」か「みぞおち」を狙って拳をまっすぐ突き刺す。

コンビネーション③
相手の視界を遮るワンツー

1 やや遠い距離から仕掛ける

リズムを取りながら相手との間合いを取る。やや遠い距離のほうが相手の意表を突きやすい。

2 相手の顔の前にグローブを差し出す

前足を踏み込むと同時に相手の顔の前にグローブを差し出す。ナックルを向けてもよいが、手のひらのほうが面積が大きく、相手の視界をより遮ることができる。

相手の顔の前にグローブを持っていき、視界を遮ってリズムを崩す。遠い距離からストレートを打つことができるので、パンチの威力も出やすい。死角から飛んできたパンチはダメージが大きく、決まれば試合を優位に進められる。

3 素早くストレートを打つ

左拳を引くのと同時に、ストレートを打つ。右足でしっかり床を蹴り、腰、肩の回転を利用して力のあるパンチを打つ。

予測しないところからパンチがくる

相手からすると、顔の前にスッと腕を伸ばされることでグローブしか見えなくなる。一瞬、反応が遅れ、予測しないところからパンチが飛んでくる感覚になる。

POINT 前足をしっかり踏み込む

遠い距離からの攻撃に有効で、前足をしっかり踏み込んで相手の前に左手を差し出す。少し腰を落として下から突き上げるようにすると、より相手の視界を遮られる。

コンビネーション④
ワンツー＋左フック

1 ジャブを打つ

前足を踏み込んでジャブを打つ。強く打つのではなく、相手の気を逸らすことが重要。

2 ストレートを打つ

距離を測りながらストレートを打つ。

3連打の基本的なコンビネーション。ワンツーに続き、3発目のパンチとして左フックを返す。ストレートとフックはパンチの軌道が異なるため、相手との距離が重要になる。リズミカルにパンチが打てるように、フットワークも磨きたい。

3 左フックを打つ

3発目に左フックを打つ。前足に重心を移動させながら、腰を回転させることで、力のあるパンチが打てる。

一発一発のパンチに意味を持たせる

「ワン、ツー、スリー」のリズムは目的に合わせる。速く打てても、パンチに力がなければ相手に与えるダメージは少ない。手打ちにならないよう、「ツー」とフックを強く入れることが重要だ。フックだけで相手を倒したいときは、ワンツーを軽く入れて相手の気を逸らすこともある。やみくもにパンチを繰り出すのではなく、一発一発のパンチに意味を持たせよう。

POINT ストレートは近め

「ツー」でストレートを打つときの相手との距離は、通常のストレートより近め。そうすることで、ちょうどいい距離感で3発目の左フックを打つことができる。

コンビネーション⑤
ワンツー＋左アッパー

1 前足を踏み込んでジャブ

ジャブからスタート。前足をしっかり踏み込む。

2 重心を前に落としてストレート

重心を前に落としながら、ストレートを入れる。相手との距離はやや近め。

ワンツーを絡めたコンビネーションは無限にあると言っていい。しかし、やみくもにパンチを打ち続けていても、ただ体力を消耗するだけ。大事なのは、自分のスピードやパワーを理解した上で、一発一発の狙いを明確にすることだ。

3 左アッパーで仕留める

右拳を戻すと同時に、左拳を下から突き上げる。肩を入れて、体重を乗せる。

重心を落として打つ

フィニッシュブローの左アッパーは、相手を仕留めるつもりで打ち抜こう。重心を落とすことで、より重いパンチを打つことができる。

コンビネーション⑥
ワンツー＋ツー

1 相手の動きを見て ジャブ

前足を踏み込んでジャブ。相手の動きをしっかりと見る。

2 防御を崩す ストレート

右を返して、相手の気を逸らす。相手のディフェンスを崩す意識を持つ。

ツーを打った側の腕でもう一度ストレートを繰り出す「ワンツー＋ツー」は、クリーンヒットすれば相手に大きなダメージを与えられる。ただし、二度目のツーは体勢を戻してから打つので、相手の反撃を受けるリスクが高い。

POINT しっかり体重を乗せる

足から腰、肩をしっかり回転させて、体重が乗った重いパンチを打つ。

3 タメを作ってストレート

肩を開いてタメを作る。体勢を戻し、もう一度、ストレートでツーを打つ。

コンビネーション⑦
ワンツー＋左フック＋左ボディ

1 ジャブを当てる

相手との距離を測りながら、はじめにジャブを当てる。

2 ストレートを打つ

続いてストレートを打つ。相手との距離が近いので腕は伸び切らない。

バリエーション

ワンツー＋左ボディ＋左フック

ワンツーで上に意識を集中させる

ワンツーで相手の防御を顔面に集める。空いたボディを狙って、体重の乗った左ボディを打つのがポイント。今度は相手の意識が下にくるので、スムーズに重心を移動して、リズムよく左フックを打ち込もう。

1 ジャブ→ストレート

上の1、2と同じ要領でワンツーを放つ。

コンビネーションを使うメリットのひとつに、相手の意識を1カ所に集中させることがある。ジャブやストレートで相手の顔面にパンチを集め、隙を突いてガラ空きになったボディを狙おう。ハマれば、相手を倒すチャンスが広がるはずだ。

3 力のある左フック

3発目のパンチとして左フックを打つ。腰の回転を利用して強く打つこと。

4 体重を乗せてボディを打つ

左腕を引き、すばやく左ボディを打つ。後ろ足で床を蹴って体重を乗せる。

2 体重の乗ったボディを打つ

空いたボディを狙ってパンチを打つ。後ろ足でしっかり床を蹴る。

3 続けざまに左フックを放つ

重心を移動して、左フックを打つ。一連の流れをリズムよくつなげる。

コンビネーション⑧
ワンツー＋左ボディ＋ストレート

1 牽制のジャブを打つ

相手を牽制しながらジャブを打つ。ガードを下げないように注意。

2 踏み込んで右を返す

後ろ足を踏み込んで右を返す。相手との距離はやや近め。

バリエーション

ワンツー＋左フック＋ストレート

ストレートで相手を仕留める

最初のワンツーは、相手の防御を揺さぶるイメージ。もちろん、それで倒せるなら、全力で打ち込んでもよい。左フックのポイントは、右腕を引いた勢いを利用してリズムよく打ち込むこと。最後のストレートは仕留めるイメージで打つ。

1 ジャブ→ストレート

上の1、2と同じ要領でワンツーを放つ。

相手をダウン寸前まで追い込んだら、ストレートでフィニッシュだ。しかし、そこに至るまでには、左ボディの布石が効いていることを忘れてはいけない。いかに相手の防御に揺さぶりをかけるかが、コンビネーションの成否の分かれ目。

3 左ボディを打つ

左ボディで相手の防御に揺さぶりをかける。

4 ストレートを打ち抜く

左ボディで相手の目線を下げさせて、上からストレートを打ち抜く。

2 リズムよく左フックを打ち込む

右拳を引く勢いを利用して、リズムよく左フックを打ち込む。

3 威力のあるストレートを打つ

最後はストレート。体の回転を生かして、力のあるパンチを打つ。

コンビネーション⑨

ワンツー＋ツー＋左フック

1 ジャブで相手との距離を測る

「ワン」で相手との距離を測る。力よりスピードを意識して打ち込む。

2 ツーで相手の気を逸らす

間髪入れず「ツー」を打ち、相手の気を逸らす。連打がくると思い込ませる。

左右のパンチを交互に打つと見せかけて、右の「ツー」を2度繰り返して相手のリズムを狂わす。相手に動きを読まれないように、できるだけ小さなモーションでパンチを打つのがポイント。スピードのある攻撃を展開したいときに有効だ。

3 もう一度、ストレート

右で「ストレート」を連打。スピードを意識しすぎるとパワーが落ちるので注意。

4 体の回転を生かして左フック

顔の正面に意識を持っていき、カ　ドを閉じさせる。空いたテンプル（こめかみ）に打ち込むのがポイント。

コンビネーション⑩
ストレート+左フック+右アッパー+左ボディ

1 右で相手を牽制する

ストレートを打つ。牽制のパンチなら、パワーよりスピードを優先する。

2 体重を乗せた左フック

体の回転を生かして左フックを打つ。体重を乗せた重いパンチを打ち込む。

左右の連打だが、パンチの角度や強弱に変化をつけることで相手の防御を揺さぶる効果がある。どれも一発で相手を倒せるほどの破壊力があり、試合で使えばKO必至のスリリングな展開が期待できる。一発一発をしっかり打ち込もう。

3 死角から右アッパーを打つ

相手のガードが上がった隙を突いて、死角から右アッパーを放つ。

4 左ボディでフィニッシュ

相手の背中が丸まったら、思い切って左ボディを打ちフィニッシュ。

ステップの応用

バックステップからターン

1 半身の姿勢で構える

2 右足を下げる

相手から目を離さず、すり足で後ろに下がる。

3 左足を引き寄せる

右足を引いた瞬間に左足を引き寄せて、**1**と同じ姿勢に戻る。

一定の距離を保つ

ガードは常に上げておくこと。相手の射程圏内に入るとパンチをもらうリスクが高くなるので、一定の距離を保つ。１回で終わらせず、常に動いておくことが重要なポイント。

相手に的を絞らせない

相手から見たときに、常に半身になっているように構える。逆に相手に対して正面を向いてしまうと、的が大きくなるのでパンチを受けやすくなる。一定の距離を保って相手と向き合い、パンチも入れながらフットワークの確認をしよう。

バックステップからのターンは、最もオーソドックスなフットワークの組み合わせと言っていい。大切なのは、自分が得意な距離を保つこと。シャドーボクシングやサンドバッグで、とにかく反復練習を繰り返すことが上達への近道だ。

左へ

4 左足を移動したい方向に出す

右足で床を蹴って、左足を移動したい方向に出す。腰を浮かさないように注意。

5 右足を引き寄せる

右足を引き寄せて、元の姿勢に戻る。素早く動けるように、歩幅をキープする。

右へ

4 右足を移動したい方向に出す

左足で床を蹴って、右足を移動したい方向に出す。腰を浮かさないように注意。

5 左足を引き寄せる

左足を引き寄せて、元の姿勢に戻る。素早く動けるように、歩幅をキープする。

防御のコンビネーション①
ダッキング＋ウィービング

左にダッキング

1 基本姿勢を取る

ガードを上げ、目線を相手から逸らさないのがディフェンスの基本。

2 ダッキングでかわす

ひざのバネを使って、相手のパンチをダッキングで右にかわす。

右にダッキング

1 ひざでリズムを取る

相手のパンチを見極めながらひざを使ってリズムを取る。

2 ダッキングでかわす

ダッキングで相手のパンチを左にかわす。目線は相手から逸らさない。

初級者がいきなりスパーリングをすると、防御の場面で体が硬直して相手に連打されるケースが多い。大事なのは、常に体を動かし続けることだ。基本編で学んだ防御を単体で終わらせず、コンビネーションにつなげていきたい。

3 ウィービングでかいくぐる

相手が繰り出してくる連打（左にフック）をウィービングでかいくぐる。

4 次の動きにつなげる

基本姿勢に戻る。バランスを維持したまま、素早く次の攻撃に移る。

3 相手の連打をかわす

ウィービングで次のパンチをかわす。相手が右フックを打ってきたときを想定。

4 コンパクトな動きで元の姿勢に

基本姿勢に戻る。できるだけコンパクトな動きをするのがポイント。

防御のコンビネーション②
ダッキング×2+ウィービング×2+スウェーバック+ダッキング

1 ひざでリズムを取る

ガードを上げた基本姿勢を取る。相手から目を離さず、ひざでリズムを取る。

2 ダッキングで右にかわす

相手のパンチをダッキングで右にかわす。コンパクトな動きを心がける。

5 スウェーバックでパンチをかわす

体重を後ろにかけて、スウェーバックで頭を後ろに下げる。

6 再びダッキング

ダッキングで相手のパンチをよける。相手の動きをしっかり見ること。

パンチと同様、防御にも数多くの種類がある。それらを組み合わせて、相手に的を絞らせないことが重要だ。大事なのは、相手のパンチを見てから動くのではなく、体に自然な動きを染み込ませること。自分なりの防御を磨き上げてほしい。

3 ダッキングで左にかわす

次に相手のパンチをダッキングで左にかわす。背中を丸めないこと。

4 ウィービングでかわす

腰を落とし、上半身を左右に振って、ウィービングで相手の連打をかわす。

7 攻撃につなげる

基本姿勢に戻り、次の攻撃へとつなげる。

防御を体に染み込ませて自然と動けるようにする

人間の反射速度を考えると、パンチが向かってくるのを見てからよけるのは難しい。つまり、ボクサーはパンチが来たからよけるのではなく、防御を体に染み込ませておいて自然とよけられるようにしている。防御を身につけるには、ミット打ちやマスボクシングなどより実戦に近い形で練習を積むことが重要だ。

攻撃と防御のコンビネーション①
ワンツー＋左フック＋ウィービング

1 ジャブで相手を崩す

ジャブで相手の防御を崩す。スピードを意識して打つこと。

2 ストレートを打ち込む

「ツー（ストレート）」を返す。後ろ足をしっかり踏み込む。

ここでは攻撃と防御を組み合わせたコンビネーションを紹介。ボクシングは攻防一体の競技で、こちらがパンチを打つと相手は必ず打ち返してくる。そうした駆け引きを常に想定し、パンチを打ったあとはすぐに防御の姿勢を取る。

3 左フックを打つ

左フックを打ったら、すぐに防御の姿勢に入る。目線は相手から逸らさない。

4 素早くウィービング

相手の左フックに対し、腰を落としてウィービング。背中を丸めると相手の連打を受けるので危険。

攻撃と防御のコンビネーション②
ストレート＋左ボディ＋ウィービング

1 ストレートで相手を牽制

相手との距離を測ってスピードを重視したストレートを放つ。

2 空いたボディにパンチ

相手の防御を顔面に集めておき、空いたボディにパンチを打ち込む。

パンチを打ったらすぐに動くのがボクシングの鉄則だ。コンビネーションを駆使して、常に先手を取りたい。相手は必ず反撃してくるので、ひざを柔らかく使ってできるだけ最小限の動きでパンチをよける。

3 相手の左フックをかわす

ウィービングで相手の左フックをかわす。ガードはしっかり上げておく。

4 元の姿勢に戻る

パンチを打ったら、相手は必ず打ち返してくる。そのために、最後まで相手から目を離さない。一連の動作を体に染み込ませる。

カウンター

ジャブにジャブを合わせる

1 相手のクセを見抜く

カウンターを合わせられるように、ステップを踏みながら適切な距離を取る。やみくもにパンチを打つのではなく、相手のクセを見抜くことが重要。

2 ジャブをダッキング

相手のジャブをダッキングでかわす。相手は当てるつもりでパンチを打ってきているので、大きくよけすぎないのがポイント。目線は相手から離さない。

相手のパンチに合わせて打つパンチのことをカウンターという。意表を突いた攻撃ができ、相手に与えるダメージは大きい。ポイントは、相手のクセを見抜くこと。一朝一夕にはいかないが、ボクサーにとって欠かせないスキルの一つだ。

3 相手の拳が戻る前に打ち込む

パンチをよけたら、相手の拳が戻る前にパンチを打ち込む。カウンターはスピードが重要。反撃されないように、左のガードは上げたままにしておく。

相手の左ストレートに対して右ストレートを返す

相手のスタイルが異なる場合、カウンターはより威力を発揮する。例えば、サウスポーの選手は体重を乗せて左ストレートを打ってくるため、パンチを打ったあとに体が流れやすい。そこに右ストレートを合わせることで、相手により大きなダメージを与えられる。

カウンター

ストレートにストレートを合わせる

1 目を離さない

距離を取りながら間合いを取る。相手から目を離さないこと。

2 タイミングを見極める

相手がパンチを出すタイミングを見極めてストレートの体勢に。

ジャブにストレートを合わせる

1 モーションに入る

相手から目を離さず、タイミングを見極める。

2 相手のジャブをかわす

顔の横でジャブをかわすことで、相手は防御できなくなる。

3 顔の横でかわす

相手のストレートを顔の右側でかわし、パンチを繰り出す。

4 ストレートを打つ

相手のパンチにかぶせるようにして、大振りにならないようにストレートを打つ。

3 フック気味のパンチを打つ

相手のパンチにかぶせるようにして、ストレートを打ち抜く。

タイミングを合わせて威力のあるパンチを打つ

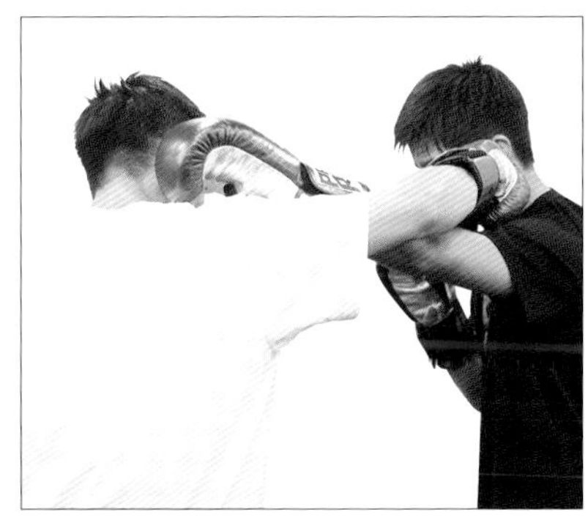

相手のパンチを顔の横で受け流すことで、相手は無防備の状態になる。そこにカウンターを合わせることができれば、威力のあるパンチが入る。

カウンター

左フックに左フックを合わせる

1 相手の左フックをガードする

相手が左フックを打ってきたら、もらわないように右手を上げ、しっかりガードを固める。それと同じタイミングで素早く左フックを繰り出す。

左ボディも効果的

相手がフックを警戒していたら、ボディブローを入れても効果的だ。相手の動きに反応して攻撃パターンを変えるには、練習経験も必要だ。

郵便はがき

恐縮ですが切手をおはりください

1 6 2-8 4 4 5

新宿区新小川町一-七

成美堂出版
愛読者係 行

◆本書をお買い上げくださいましてありがとうございます。

これから出版する本の参考にするため、裏面のアンケートにご協力ください。
ご返送いただいた方には、後ほど当社の図書目録を送らせて戴きます。
また、抽選により毎月20名の方に図書カードを贈呈いたします。当選の方への発送をもって発表にかえさせていただきます。

ホームページ　http://www.seibidoshuppan.co.jp

＊お預かりした個人情報は、弊社が責任をもって管理し、上記目的以外では一切使用いたしません。

お買い上げの本のタイトル(必ずご記入下さい)

●本書を何でお知りになりましたか?

□書店で見て　□新聞広告で　□人に勧められて
□当社ホームページで　□ネット書店で　□図書目録で
□その他(　　　　　　　　　　　　　　　　)

●本書をお買い上げになっていかがですか?

□表紙がよい　□内容がよい　□見やすい　□価格が手頃

●本書に対するご意見、ご感想をお聞かせください

ご協力ありがとうございました。

お名前(フリガナ)	年齢　　歳	男・女
	ご職業	
ご住所 〒		
図書目録(無料)を　希望する□　しない□		

2 しっかりと打ち抜く

腰の回転を利用して、体重の乗った左フックを打つ。

ガラ空きの顔面にパンチを打ち込む

力を入れてパンチを打ってきた相手は反対のガードが下がりやすく、顔面がガラ空きになりがち。目を逸らさず、ガードをしながらパンチを合わせる。

Part 3

実戦編

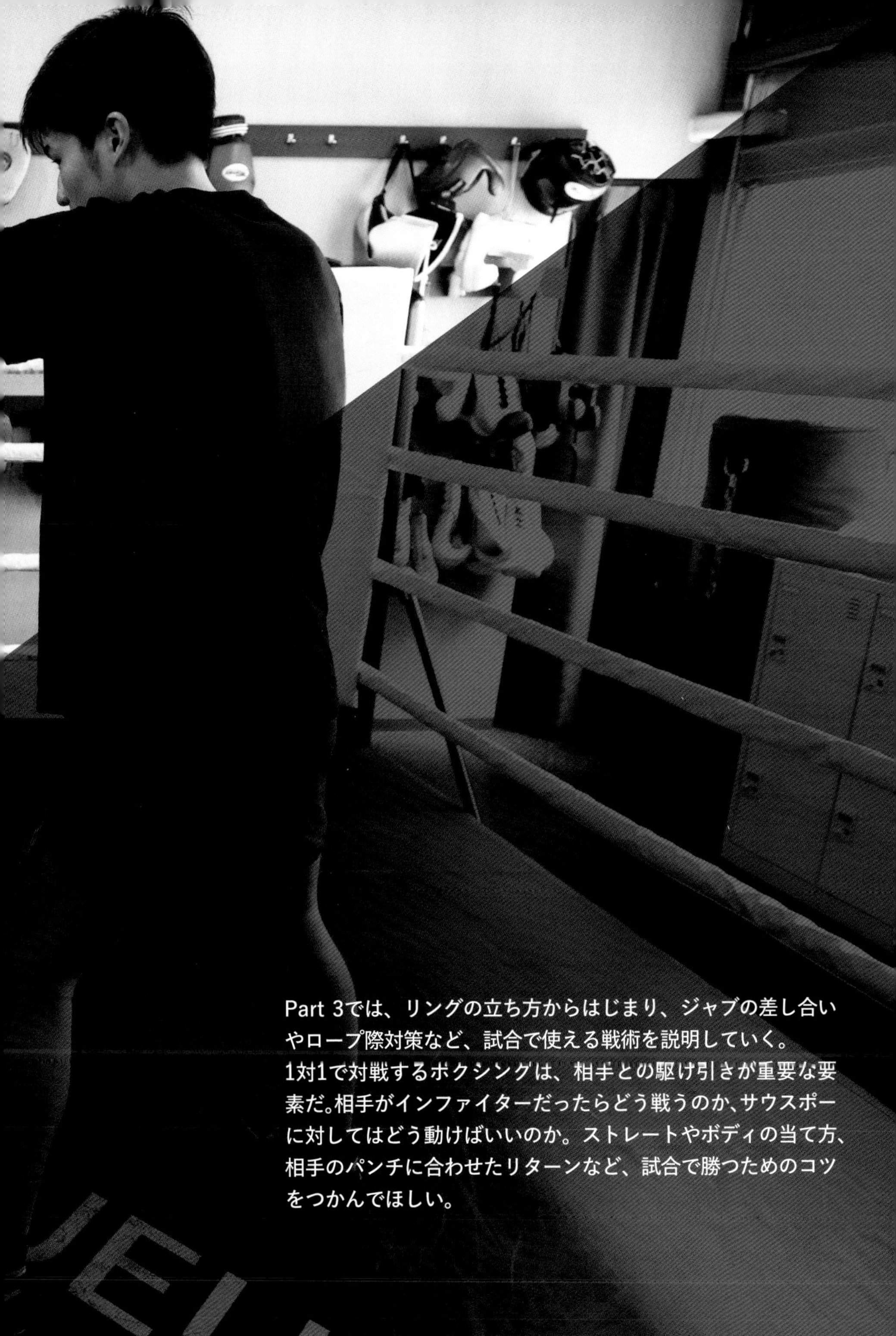

Part 3では、リングの立ち方からはじまり、ジャブの差し合いやロープ際対策など、試合で使える戦術を説明していく。1対1で対戦するボクシングは、相手との駆け引きが重要な要素だ。相手がインファイターだったらどう戦うのか、サウスポーに対してはどう動けばいいのか。ストレートやボディの当て方、相手のパンチに合わせたリターンなど、試合で勝つためのコツをつかんでほしい。

リングの立ち方

パンチの打ち方や防御の仕方を覚えたら、実際にリングに上がってみるのが上達の近道だ。グローブをつけて相手と向き合うだけで、緊張感がぐっと高まるに違いない。ここからは試合を優位に進めるための基本的な考え方を紹介していく。

やや半身に構えて相手のジャブを邪魔する。すぐに打ち返せるようにするのがポイント

距離感は人によって異なるが、相手が伸ばしてきた手に当たらない位置というのが大前提だ。体が正面を向いていると、相手のストレートをまともにもらってしまうので注意しなければいけない。相手が同じ構え（オーソドックス同士 or サウスポー同士）の場合、体をやや半身にし、前側の手で相手のジャブを邪魔するだけで、相手はパンチを打ちづらく感じる。相手のストレートをもらわないように、利き手側の手をあごの下に置いておくことも重要だ。パンチをもらっても、すぐに打ち返せるような体勢をつくっておこう。

自分の距離感をつかむ

警戒しなければいけないのが相手のストレート。ギリギリで届かない紙一重の位置に立つのが一般的だ。いち早く自分の距離感をつかむことができれば、試合を優位な展開に持ち込める。

クセを直す

体を正面に向けない

ガードが下がっていたり、体が正面を向いていると守備が疎かになりパンチをもらいやすくなる。ひざが伸びていたり、両足が相手に対して縦に並んでいるのもNG。いずれもスムーズな動きにつなげられない。

ジャブの差し合い

ボクシングの試合のほとんどは、お互いがジャブを打つところから始まる。それを「ジャブの差し合い」といい、試合を組み立てる上でとても重要な局面だ。ここで相手との距離をつかむことができれば、勝機はぐっと近づいてくる。

いかに相手にやりづらくさせるか、ジャブの打ち方に変化を加える

前の手（オーソドックスの場合は左手）で繰り出すジャブが当たらなければ、当然のことながらストレートも相手に届かない。まずはジャブを当てることが大前提で、そこで相手との駆け引きが大事になってくる。ただまっすぐ打つのではなく、相手のジャブを受けながらタイミングを図ることが重要だ。ポイントは、いかに相手にやりづらくさせるか。タイミングを合わせて、下からパンチを繰り出したり、横にずれて違う角度からパンチを打つ方法がある。上級者になれば、1ラウンドの最初の数分で相手の特徴がわかる。

パンチを打ち分けて、相手の集中を散らす

上下に打ち分けて、攻撃のリズムをつかもう。例えば、相手の下に入ってボディにパンチを入れる。そうすると、相手のガードが下がるので、その瞬間、上に打ち込む。単純な動きだが、テンポを変えることでストレートが当たりやすくなる。他にも、ジャブを2発連続で入れたら、その場で左フックを打ってもいい。相手の集中力を散らすために、いろいろな角度からパンチを入れることが重要だ。

上からのパンチ

下からのパンチ

ストレートを打ち込む

実戦でのワンツー

1 基本姿勢をとる

2 左足を斜め前に踏み込んでワンのパンチ

ワンを打つときに左足を斜め前に踏み込むと、相手の正面からツーが打てるのでパンチが当たりやすくなる。

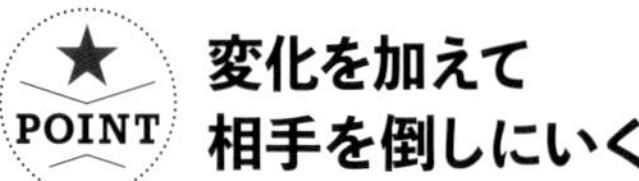

変化を加えて相手を倒しにいく

ワンを上下に打ち分けたり、体をずらして角度を変えることで、的が大きくなってパンチが当たりやすくなる。相手の視界を遮るメリットもあり、攻守において主導権を握ることができる。相手をのけぞらせたら、連打を打ち込むチャンスだ。

どれだけ強いパンチ力を身につけても、試合で当たらなければ意味がない。しかも、試合で向き合うのはサンドバッグではなく、意思のある人間。ジャブの差し合いで距離を測ったら、攻撃に変化を加えて力のあるパンチを打ち込もう。

3 ツーでストレートを繰り出す

足から、腰、肩へとつながる回転運動を活かして、パンチを繰り出す。左手は素早くガードの位置に引き戻す。

✕ クセを直す

踏み込みが浅いと反撃を受ける

ワンツーを当てるポイントは、前足をしっかり踏み込むこと。この踏み込みが浅いと、パンチが届かないだけでなく、相手によけられて反撃を受けてしまう。パンチが届く位置までしっかりと踏み込むことが重要だ。

ストレートを打ち込む

左フックからのストレート

1 左で相手を牽制する

ジャブで相手を牽制。すぐにステップで体をずらす。

2 左フックで相手のガードを弾く

横から相手のガードを弾いたら、隙を狙って前にしっかりと踏み込んでいく。

3 素早くストレートを打つ

ストレートを打ち込む。スピーディにコンビネーションを繰り出す。

ジャブを警戒した相手にフックを入れる

「ジャブ＋左フック」は応用が効くコンビネーションなので覚えておきたい。相手がジャブを警戒した隙にフックを入れるのがポイント。また、これが当たると、フックのフリをして打つジャブが入りやすくなり、試合を優位に進められる。

ボディブローを打ち込む

ガードを崩す

1 ジャブを打つ

中間距離からジャブを打つ。

2 ストレートを打つ

ガードを弾き飛ばすような威力のあるストレートを放ち、相手を揺さぶる。
右フックでもよい。

強いボクサーは戦術や駆け引きに長けている。頭を使って相手をよく観察し、頭脳戦で優位に立ちたい。相手に隙をつくらせたり、相手の隙を突いたりするボディブローは、攻撃を組み立てるうえで強力な武器になる。

3 相手の死角から左ボディを打つ

相手がガードを固め直そうとしているところに左ボディを打ち込む。見えない角度から飛んできたパンチを受けると、よりダメージは大きい。相手の意識が腹部に集中し、今度は顔面へのガードが甘くなる。

ボディブローを打ち込む

接近戦で

1 近い距離から右アッパー

遠いほうの腕で繰り出すアッパーは接近戦で威力を発揮する。

右アッパーはバランスを崩さないように注意

しっかり腰と肩を回して打つ右アッパーの破壊力は強烈だ。一方、バランスを崩すと相手の反撃をもらいやすいので気をつけよう。

別角度から見る

2 相手の意識を上に

右アッパーを放つことで、相手の注意を上（顔面）に向けさせる。

3 左ボディを打つ

相手が顔面のガードを固めたところにすばやく左ボディを入れれば、大きなダメージが与えられる。

上下の打ち分け

1 ジャブで牽制する

相手の眼前にジャブを入れたら、
すばやく相手の懐に潜り込む。

2 ボディストレートを打つ

腰を沈めて、相手のボディにストレートを打つ。パンチの軌道は床と並行。
相手にボディを意識させる。

単発の同じようなパンチを同じリズムで打っていても、試合に勝つことはできない。大事なのは、パンチを打ち分けて相手の防御を崩すこと。フェイントを交えつつ、隙を見つけて素早く相手の懐に潜り込むことが重要だ。

3 もう一度ジャブを打つ

元に戻ってジャブ。目線を下に向けて、ボディを見るように動かす。これで相手に、もう一度ボディストレートが来ると思わせる。

4 同じフォームから顔面にパンチ

ボディストレートと同じフォームから、相手の顔面にパンチを入れる。

打ったら動く

ワンツー＋ウィービング

1 打たれない距離で動く

相手のパンチが届かない距離を意識して動く。ジャブでけん制するのもよい。

2 踏み込んでワンツー

相手から目を逸らさずに、相手の隙を見つけてワンツーを放つ。前足をしっかり踏み込む。

ボクシングで大事なのは、パンチを打ち終わったあとの動きだ。相手は必ずパンチを打ち返してくる。そのときに足が止まっていたら、反撃を受けてしまうだろう。頭で考えて動くのではなく、一連の流れを体に染み込ませよう。

3 すぐに体を左へ

ワンツーを打ち終えると同時に上体を左に移動し、ウィービングの体勢に。

4 ひざを使って沈む

相手の左フックに対して、上体を起こしたままひざの柔軟性を使って下によける。

打ったら動く

ワンツー＋バックステップ

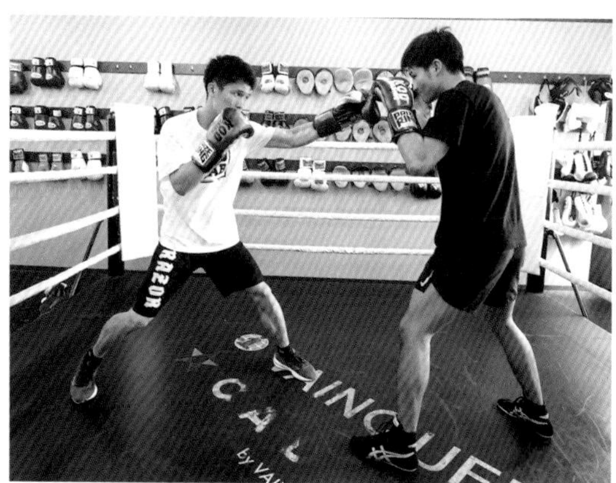

POINT しっかり踏み込む

ワンツーはしっかり踏み込んで打つ。踏み込みが浅いと強いパンチが打てない。

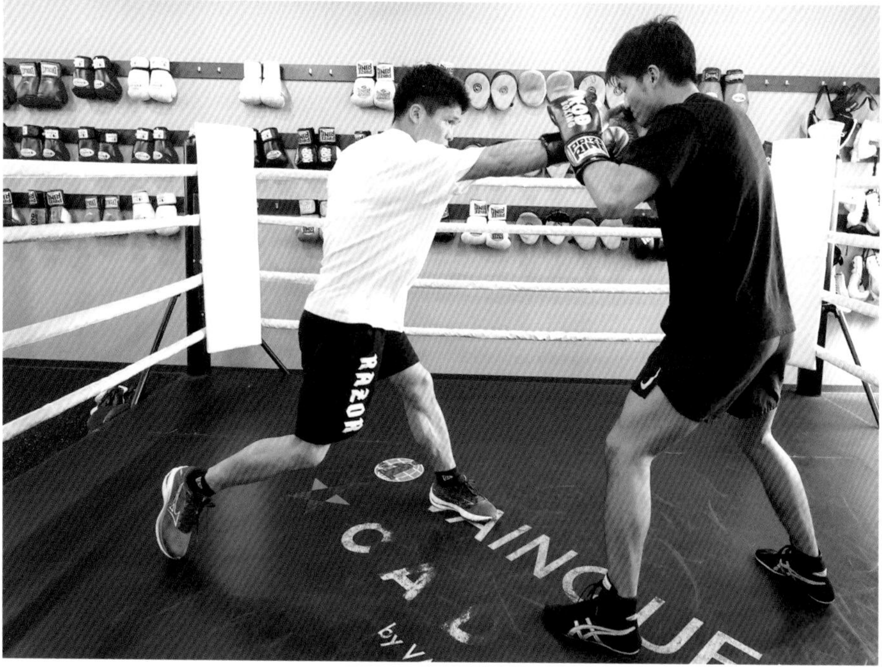

1 踏み込んでワンツー

相手のパンチが届かない距離から、踏み込んでワンツーを放つ。

2 すぐに動く

ツーを打ち終わったら、相手のパンチをもらわないようにすぐに動く。この攻守の素早い切り返しが大事。

3 元の姿勢に戻る

後ろに下がるとき、ピョンと飛び跳ねないこと。下がったら左足を引き寄せ、すぐに元の姿勢に戻る。

ロープ際対策

ロープ際から逃げる

1 相手のパンチをブロック

相手が打ってきた1発目のパンチをブロックで防ぐ。

2 2発目のパンチをかわす

相手が2発目のストレートを打ってきたら、左へよける。

相手に連打を打たせない反撃のチャンスは必ず訪れる

ロープに詰められたときのポイントは、相手に3発、4発と連打を打たせないこと。怖がらずに相手の攻撃をしっかり見ること。その上で、重心を落とし、体を入れ替えて相手から離れる。もしくは相手のパンチに合わせて反撃するのが理想的と言えよう。試合中はロープ際に追い詰められないことが大前提。それでも、冷静に対処していれば、反撃のチャンスは必ず訪れる。

ボクシングにおいて迫力あるシーンの一つが、ロープ際の攻防だ。派手なKOシーンも生まれやすい。相手に押し込まれてもロープは背負わないほうがいいが、怖がらずに落ち着いて対処すればピンチをチャンスに変えることができる。

3 体を入れ替える

重心を落とし、左へよけて、体勢を入れ替える。

4 ロープ際から脱出

うまく体勢を入れ替えられれば、相手をロープに追い込むことも可能だ。

ロープ際対策

ロープ際から攻める

1 相手のパンチをブロック

相手が打ってきた1発目のパンチをブロックで防ぐ。

2 2発目のパンチもブロック

ブロックの間から相手の動きを観察し、リズムを読み取る。

クセを直す

棒立ちになったら八方塞がり

ロープを背負うのは最終手段。だからと言って足を踏ん張り体をのけぞらせてしまうと、威力のあるパンチが打てない。ひざが伸びて棒立ちになってしまい、八方塞がりだ。ブロックしながら上目遣いで相手を見よう。

3 ガードを下げずに前傾姿勢

ブロックしながら、カードを下げずに前傾姿勢で、相手の動きを見る。

4 フックが来る瞬間を狙う

相手が右フックを打つ瞬間をついて、パンチを放つ。

防御からの攻撃

相手の右側に回る

1 ダッキングで逃げる

相手のストレートをダッキングでよける。ガードはしっかり上げておく。

2 ウィービングでかわす

相手の左フックをウィービングでかわす。相手から目を離さないこと。

守ってばかりでは相手を倒すことはできない。リズムを取りながら相手のパンチをかわし、体勢を戻してすばやく攻撃につなげることが重要だ。試合を想定した練習で、自然と体が反応するようにしておこう。

3 左足を外側に踏み出す

相手の右フックが来た瞬間に、左足を外側に踏み出す。

4 姿勢を戻して反撃する

左に逃げたら姿勢を元に戻して、相手が体勢を立て直す前に反撃に移る。

防御からの攻撃

相手の左側に回る

1 ダッキングでかわす

距離を測りながら、相手のストレートをダッキングでかわす。

2 左フックをよける

相手の左フックをひざの柔軟性を使ってウィービングでよける。

3 右足を外に踏み出す

同時に右足を外に踏み出して、すばやく相手の射程圏内から脱出する。

4 体を入れ替えて反撃する

うまく体を入れ替えることができれば、反撃の大きなチャンスになる。

サウスポー対策

ボクシングは、相手のスタイルやパンチの速さ・強さ、クセなどに応じて戦略を組み立てなければいけない。当然のことながら、同じ構えをする相手と逆の構えをする相手とでは、立ち位置や攻め方・守り方が異なることを覚えておこう。

メリットとデメリットを理解し、自分なりのポジションを確立する

オーソドックスの選手がサウスポーの選手と対戦する場合、相手の足よりも外側に自分の足を置くのがセオリーだ。相手の内側に入ると、体が流れてしまって強いパンチが打てない。ボクシングを始めたばかりの頃、トレーナーに「外を回れ！」と言われた人も少なくないだろう。しかし、近年はサウスポーの相手に対して、意図的に内側に入って攻めるボクサーが増えてきた。それが自分にとってパンチを当てられる距離だからだ。大事なのは、しっかりと戦略を立て、自分なりのポジションを確立することと言える。

「外側を回れ」はあくまでもセオリー。相手の意表を突いた攻撃を

相手の内側に入ることによるデメリットは多い。一つは、相手がサウスポーの場合、左ストレートを一番いい距離でもらってしまうこと。パンチを打つ力も入らず、ジャブの差し合いで後手に回る可能性もある。ただし、サウスポーの相手に対して外側を回るのはあくまでもセオリーだ。相手の意表を突いて正面に回り込めば、ガードの内側をジャブやストレートで打ち抜くこともできる。

サウスポー対策

右手を前にして構えるサウスポーと対戦する場合、まずはその右手を封じるのが勝負の鉄則だ。しかし、相手からすれば、そんなことは想定済み。そうはさせまいと対策を練ってくるだろう。それを上回るスピードで動けるように、攻撃パターンを体に覚え込ませておきたい。

攻撃のパターン①

1 相手の前手を封じる

ジャブで相手の前手（右手）を封じる。

2 相手の外側にしっかり入る

相手の外側にしっかり回り込んで相手の死角に入り、外側から左フックを入れる。

3 スピードをつける

相手が攻撃しにくいように、スピードをつけて体の位置をずらす。

4 ストレートを合わせる

相手の右腕の上からストレートを入れる。しっかり踏み込むのがポイント。

サウスポー対策

攻撃のパターン②

1 ジャブで距離を測る

ジャブで相手を牽制しながら距離を測る。ガードは上げておくこと。

2 相手のガードを崩す

相手の外側に左足を踏み込み、同時に左フックで相手のガードを崩す。

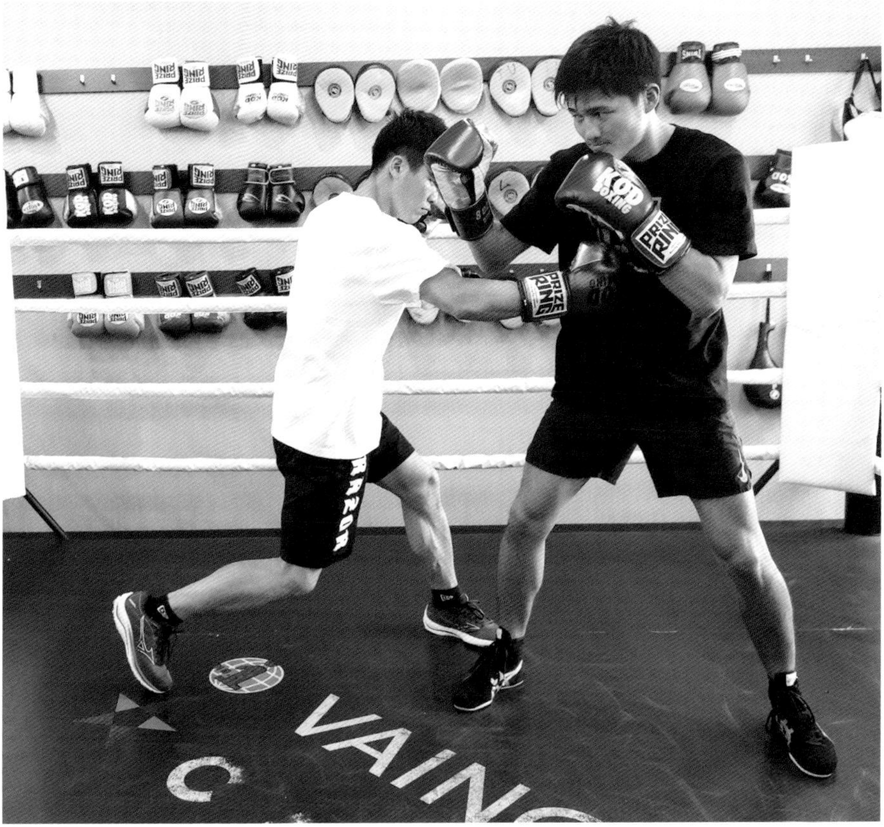

3 右ボディを打つ

相手のみぞおちを狙って右ボディをたたき込む。
腕が伸び切らないように注意。

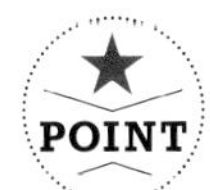

POINT 相手の外側へ左足をしっかり踏み込む

サウスポーの相手に対して有効なコンビネーション。外側に開いて右ボディを打ち込むことで、相手のみぞおちに当たりやすい。腕が伸び切るとパンチの威力がなくなるので、左足をしっかり踏み込むこと。

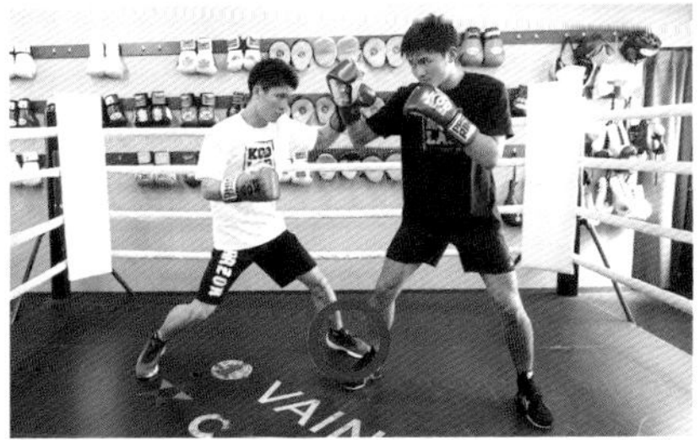

リターン

左フック

1 相手のパンチをブロック

ガードを上げて相手のパンチをブロック。目を逸らさないこと。

2 すぐに左フックの体勢に

左フックをブロックした瞬間に左フックを打ち返す。体を反らさないように注意。

相手が打ってきたパンチを防御するのとほぼ同時に繰り出すパンチを「リターン」と呼ぶ。相手はパンチを打つことに集中しているので、当たったときのダメージは大きい。考えなくても体が反応するようになるまで練習を繰り返そう。

3 スピードに乗って打つ

相手のガードが下がったところを狙う。スピード重視で力強いパンチを打つ。

反復練習で身につける

相手が「1、2、3」のリズムでパンチを打ってきたら、「1.5」くらいで返すイメージ。相手が左右交互にパンチを打ってくるなど、リズムが一定であればあるほどリターンは返しやすい。「相手がこう打ってきたら、こう返そう」と、ある程度反撃のタイミングを頭に入れておくことも大事。リターンを身につけるには、反復練習が望ましい。

リターン

左アッパー

1 ガードを下げてブロック

ガードを下げて、相手の左ボディをブロック。反撃のチャンスをうかがう。

2 相手のガードの隙を突く

右の腕でブロックをした瞬間に、相手のガードの隙を突いて左アッパーを返す。

3 左アッパーを打つ

相手の体勢が戻る前にパンチを入れる。できるだけモーションを小さくするのがポイント。目線は相手から離さない。

左ボディ

1 脇を締めてブロック

相手のパンチをブロック。目をつぶらず、常に反撃のチャンスをうかがっておくこと。

2 左ボディの体勢に

リターンのタイミングは、考えるより先に体が反応するようにしておく。

3 相手の空いたボディを狙う

相手が拳を戻す前に、空いたボディを狙ってパンチを打つ。スピードを意識しつつ、パンチにしっかりと体重を乗せる。

Part 4

トレーニング編

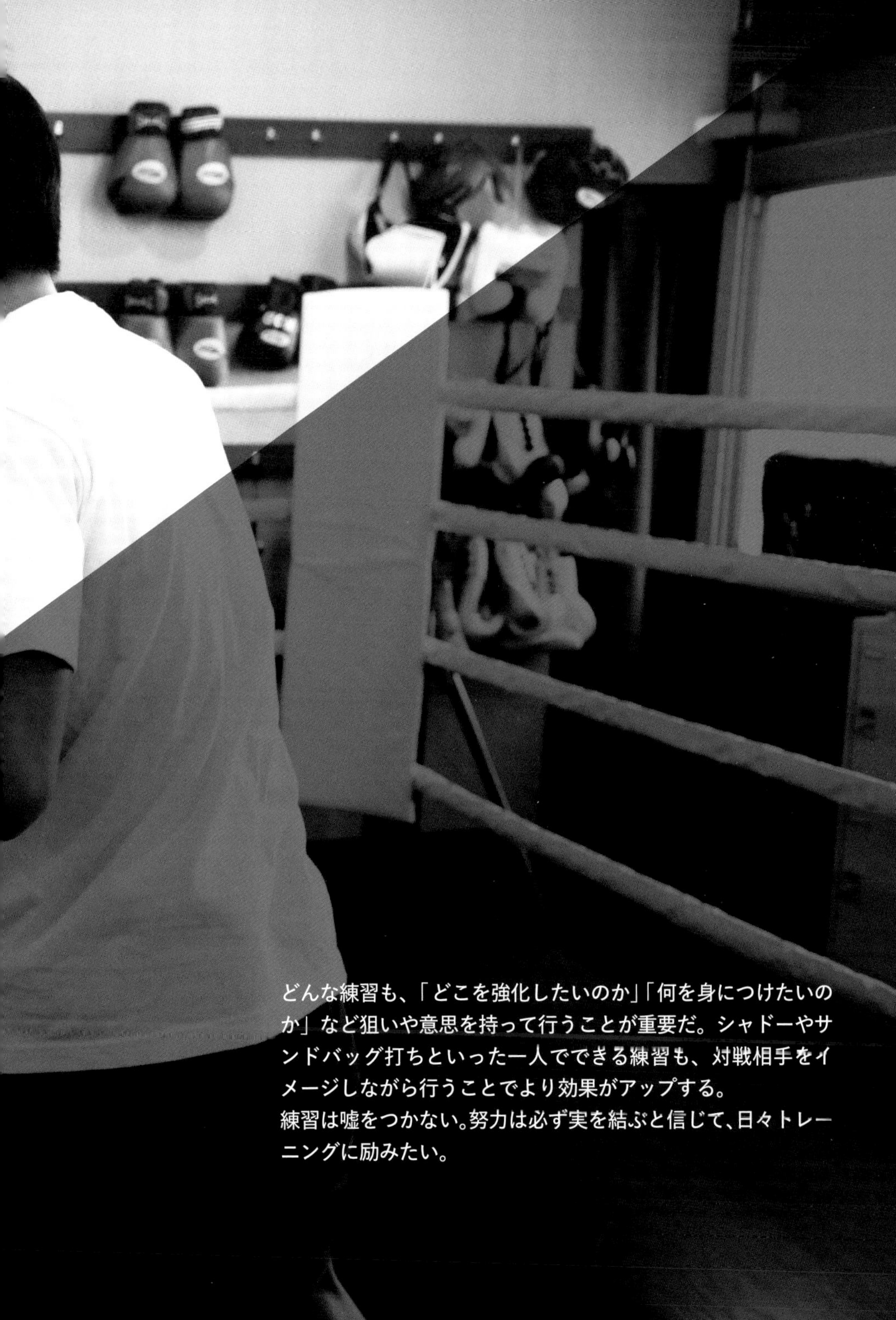

どんな練習も、「どこを強化したいのか」「何を身につけたいのか」など狙いや意思を持って行うことが重要だ。シャドーやサンドバッグ打ちといった一人でできる練習も、対戦相手をイメージしながら行うことでより効果がアップする。
練習は嘘をつかない。努力は必ず実を結ぶと信じて、日々トレーニングに励みたい。

シャドー

もっともポピュラーな練習方法の一つがシャドーだ。鏡を見ながらフォームをチェックしたり、仮想の相手を想定して攻撃と防御を繰り出す。一つひとつの動きを意識しながら行うことで、非常に有効な練習になる。

対戦相手をイメージし、本番を想定したトレーニング

ボクシングの基本となるトレーニングで、ウォーミングアップを兼ねて行われることも多い。対戦相手をイメージしながら、自分なりの攻撃パターンを確認する。リングで行えば本番を想定した練習ができ、コーナーやロープとの距離感がつかめたり、フットワークを身につけられたりする。3分間（1ラウンド）の動きを体に染み込ませたり、ガードを上げ続けるなどスタミナの向上にも効果的。ボクシングを始めたばかりの初級者は鏡の前で行い、パンチの打ち方などフォームをチェックしてもよい。

対人シャドー

相手と向き合って実戦の感覚を養う

スパーリングのように2人が向き合ってシャドーを行う。怪我をしないように、拳が当たらない距離で行うのが基本。実戦の感覚を養うことができる。

サンドバッグ

パワーをつける

思い切りパンチを打つ

正しいフォームを意識しながら、全身を使って思い切りパンチを打つ。グローブがサンドバッグにヒットする直前に拳（ナックル）を返すこと。もっとも強いパンチが当たる距離を確認しながらサンドバッグをたたく。

ボクシングジムに行けば必ず見かけるサンドバッグは、使い方次第で様々な効果が得られる。パンチ力強化はもちろん、ディフェンスワークやステップワークの練習、スタミナやパワー向上のためにもサンドバッグ打ちは欠かせない。

強く打つことで パワーがついてくる

サンドバッグ打ちは、相手との距離を測り、強いパンチを身につけたいときの練習方法。スタミナの強化もできる。注意点は、適切な距離からパンチを打つこと。サンドバッグに近づきすぎたり、体を預けた状態で打つのはNG。一発一発を強く打つことでパワーがついてくるトレーニングで、正しいフォームを身につけたいときにも効果的だ。

スタミナをつける

全力でラッシュを繰り返す

ラッシュ（連打）で心肺機能を高める。例えば、［20秒ラッシュ＋20秒インターバル＋20秒ラッシュ］を連続3セット行って3分（1ラウンド）になる。ワンツーやフックなど、いろいろなパンチを組み合わせて行ってもよい。

ミット打ち

持久力をつける

たくさんのパンチを打ち込む

パンチをたくさん打ち込めば、その分だけ当然体力を使う。攻撃、防御と常に体を動かすことが重要で、心肺機能が向上してスタミナアップにつながる。

どんな練習でも、目的意識を持つか持たないかで効果は大きく変わってくる。トレーナーなどを相手に行うミット打ちも同じ。消費するエネルギーが高く、スタミナの強化にもオススメの練習方法だ。

試合をイメージしながら、相手との距離感をつかむ

構えたミットを追いかけながら、パンチを繰り出していく。試合をイメージしながら行うことが重要で、相手との距離感を確認するのがポイント。サンドバッグと違い、動いている相手に対してパンチを繰り出していくため、より実戦に近い練習と言える。連続でパンチを打ち続けることで、スタミナの向上にも効果的。

目的意識を持つ

何のための練習かを考える

フォーム作りなのか、コンビネーションなのか、スタミナの向上なのか、大事なのは目的意識を持って練習すること。ただパンチを打っていても、スキルアップにはつながらない。また、パンチを打つことに気を取られて、ガードを下げないように注意。

マスボクシング&スパーリング

マスボクシング

「寸止め」で打ち合う

2人が向き合い、「寸止め」でパンチを打ち合うのがマスボクシングだ。パンチを当てないので、スパーリングより安全に練習ができる。パンチに目を慣らしたり、タイミングを確認したり、相手との距離感をつかむのが目的。たとえ「寸止め」でも、ガードをしっかり上げて相手の攻撃を防ぐことが重要で、対人シャドーよりも実戦に近い。

実戦に近い形で練習をすれば、ボクシングのスキルも飛躍的に向上する。ただし、ここからの練習は、集中力を欠いた状態で行うと怪我につながる危険がある。やみくもにパンチを繰り出すのではなく、集中して練習に取り組もう。

スパーリング

力量が近いもの同士で行う

ヘッドギアを着用するなど、怪我をしないように配慮しながら実戦形式で行う練習方法。本気でパンチを当てにいくので、できるだけ力量が近い者同士で行うか、あるいは上級者が加減しながら行う。マスボクシングと同様、テーマや目的意識を持って取り組むこと。ただし、防具を着用しても打撃を受けるとダメージは溜まるので、細心の注意を払いながら取り組んでほしい。過度なスパーリングは禁物だ。

ロードワーク&ロープ

ロードワーク

心肺機能を鍛える

ボクサーにとってロードワークは基本中の基本。毎日走るのが当たり前で、多いときは8～10kmくらい走る。もちろん、走る距離や速さは目的によって異なり、最初から最後まで全力で走る必要はない。スタミナをつけたいときは、「全力で30～50m×30本」「全力で800m×5本」など自分なりにアレンジして心肺機能を鍛える。汗をかいて減量したいときは、長い距離をゆっくり走ってもよい。スタミナ強化にぴったりのトレーニングだ。

ロープ

リズム感を養う

ウォーミングアップに取り入れることが多い。リズム感を養うのが主な目的。「ダッシュ 30秒＋二重跳び30回」など、いろいろなパターンを組み合わせることでスタミナの強化もできる。長時間のロープで汗をかき、減量するボクサーも多い。

ダッシュ 太ももを高く上げてその場でダッシュを繰り返す。

プロボクサーの引き締まった体に憧れる人は少なくないだろう。しかし、一朝一夕で作れるものではなく、特に減量が必要な選手は日頃から体重を管理しておくことが重要だ。また、ボクシングは「足が基本」ということを忘れてはいけない。

基本的な跳び方

左右の足を前後に入れ替えながらリズムよく跳ぶ。

筋力トレーニング

首のトレーニング

上下に動かす

相手のパンチを受けても耐える首の筋肉を養う。仰向けになり、両足をそろえてひざを立てる。手はお腹の上。そのまま首を上下に動かす。目安は30 ～ 50回。自分の年齢や体力に合わせて回数を設定する。

左右に動かす

左右に回す

バリエーション

より負荷をかける

パートナーに頭を上から押してもらって負荷をかけることで、ひとりで行うときよりもトレーニング効果が高まる。押す人は、力を入れすぎないように注意。

パフォーマンスの向上や傷害予防につながるのが筋力トレーニングだ。しかし、「筋肥大」を目的とする筋力トレーニングのやりすぎは、かえって体の負担になることがある。どこを強化するかを考えて、計画的に取り組もう。

腹筋のトレーニング

ボクサーの体といえば、6つに割れた腹筋を思い浮かべる人も多いだろう。強靭な体幹はパフォーマンスを安定させ､相手のパンチから体を守る。ここでは腹筋のサーキットトレーニングを紹介。1つのメニューを30秒（はじめは15～20秒）ずつ、以下の6つのメニューを連続で行う。

1 仰向けになり、両ひざを90度に曲げ、太ももを垂直に上げる。みぞおちを中心に、背中を丸めていく。

2 仰向けの状態で両手を体の横に下ろし、ひざを伸ばしたまま太ももから下を持ち上げる。

3 仰向けの状態から胸に向かって両ひざを引きつけ、そのまま足を垂直に引き上げる。背中と床の接地面を小さくするのがポイント。

4 仰向けの状態から上半身と両足を持ち上げて「V字」を作る。できるだけ指先でつま先に触れるようにする。

5 上半身を起こした状態のまま、そろえたひざを胸に向かって引きつける。

6 足を交互に前に突き出しながら、上半身を左右にひねる。

道具を使ったトレーニング

特定の箇所を集中して鍛えたいときは、道具を使ったトレーニングが効果的だ。ボクシングジムには、見たこともないようなトレーニング器具が置かれていることもある。使い方を覚えるとレベルアップの強い味方になる。

メディシンボール

打たれ強いボディを身につける

メディシンボールをお腹に当てることで、ボディ打ちに慣れる効果がある。打たれ強いボディを身につけたい人にとっては効果的。メディシンボールは上から落とさず、両手でしっかり持ってお腹に当てるようにしよう。

ダンベルシャドー

疲れても腕を上げ続ける

文字通り、両手にダンベルを持って通常のシャドーを行う。どんどん疲労は溜まってくるが、腕を上げたまま常に体を動かすのがポイントだ。ダンベルの重さは1 ～ 2kg。自分の筋力やレベルに応じて重さを変える。スタミナを養うのが目的。

バリエーション

リズムよく行う

片足立ちになり、反対の足を前後に揺らしながら、リズムに合わせて左右のパンチを交互に繰り出す。慣れてきたら、2kgのダンベルを持ち、片足30秒ずつ×３セット＝3分。はじめは短い時間で、軽いダンベルを使って行う。

ストレッチ

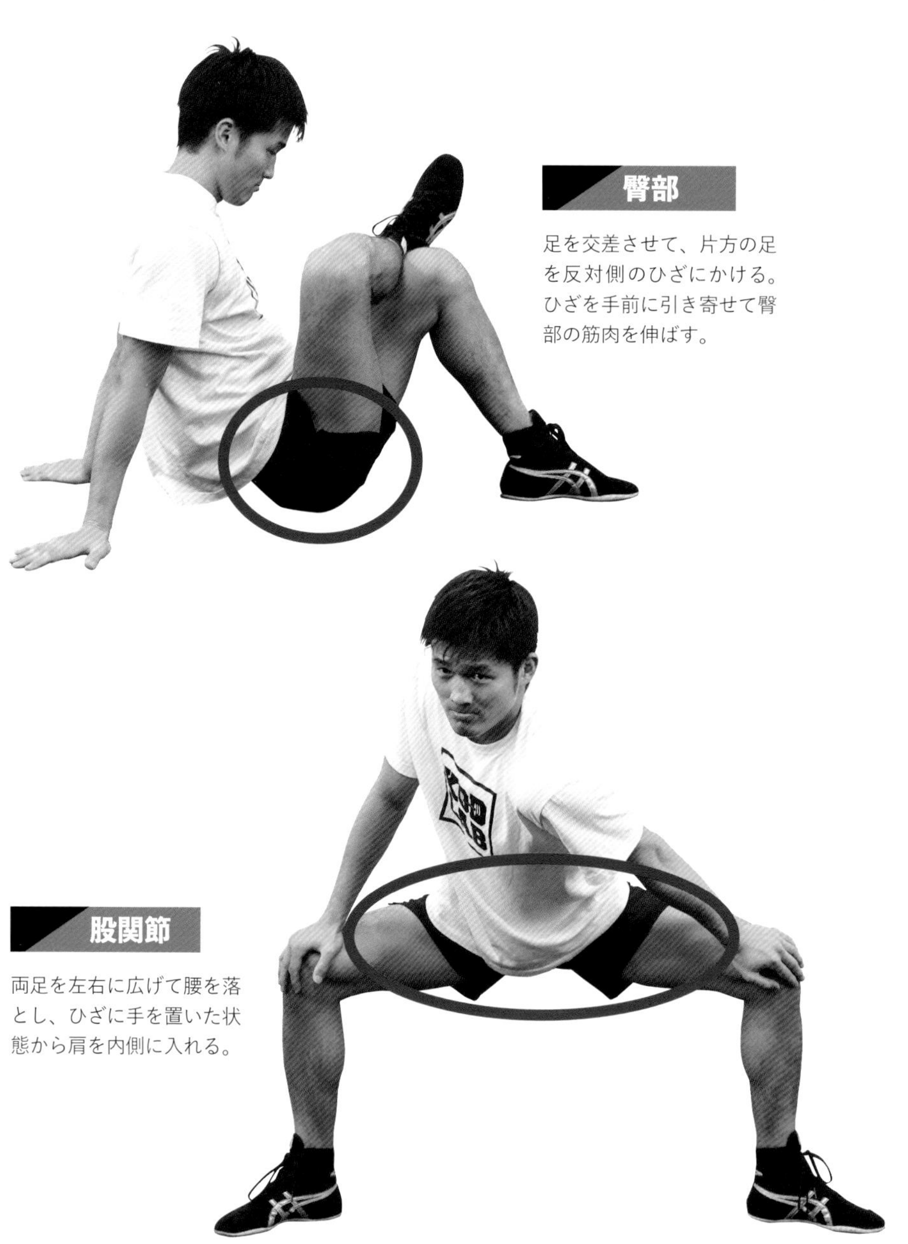

臀部

足を交差させて、片方の足を反対側のひざにかける。ひざを手前に引き寄せて臀部の筋肉を伸ばす。

股関節

両足を左右に広げて腰を落とし、ひざに手を置いた状態から肩を内側に入れる。

急に体を動かすのは怪我の元。練習の前はストレッチで筋肉をほぐし、可動域を高めることが重要だ。練習のあとはゆっくり筋肉を伸ばして、緊張した筋肉をリラックスさせる。翌日に疲労を残さないため、ストレッチは毎日の習慣にしたい。

前腕

腕を前に伸ばして手のひらを前に向け、反対の手で指先を手前に引き寄せる。逆も同様に行う。

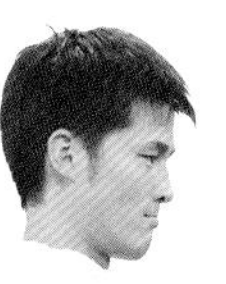

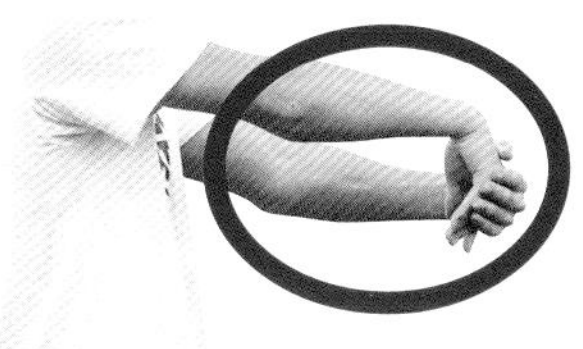

肩

肩の高さまで上げた手をサンドバッグや柱で固定し、肩の筋肉を伸ばす。

アキレス腱

足を前後に広げ、後ろ足のかかとを床につけてアキレス腱を伸ばす。

ボクシング Q&A

内山高志さんに、ボクシングの練習や上達に関する
さまざまな質問をしました。
自らの経験をふまえたその回答には、
すでにやっている人にも、これから始める人にも
役立つヒントが満載です。

ボクシングは才能？ 努力？
強くなる人の秘訣は何ですか？

上達に近道なし。
朝と夜の二部練、休日は出稽古して
積み重ねた実力

忘れもしない、大学1年のある日のことでした。先輩とスパーリングをしていて、「あれ？　なんか強くなったぞ」とふと感じたのです。少し前だったら簡単に倒されていた相手と対等に戦えるようになり、自信もついてきました。

じつは、僕が進学した拓殖大学には、同級生に何人もスポーツ特待生がいたんです。そのため、入部した頃は団体戦のメンバーにも選ばれず、いわゆる“荷物持ち”のような存在。でも、この**“屈辱”をバネに、そこから血の滲むような努力を重ねてきました。**

ボクシングの上達に近道はありません。**大切なのは、毎日の積み重ね**です。当時の大学での練習は、朝と夜の二部練。ボクシング部の練習が休みの日は、母校の花咲徳栄高校まで出稽古に出かけていました。今考えても、その頃の練習量は常軌を逸していたと思います。夏休みになってみんなが羽を伸ばしている間も、一人で黙々とサンドバッグを打ち続けていましたから。

その甲斐があって、その年の11月に埼玉県の代表に選ばれることになります。そして、アマチュアの最高峰である全日本選手権に出場することができました。

アマチュアの大会に初出場予定です。恐怖や緊張を克服するには？

緊張や恐怖を完璧になくす方法はない。少しくらい緊張しているほうがいい

リングに立つときは緊張しますよね。僕も高校生のときは緊張したし、怖かったことを覚えています。つい「負けたらどうしよう」と考えてしまい、それが緊張や恐怖に繋がるんです。

でも、緊張や恐怖を完璧になくすような方法はありません。強いてあげるなら、**「相手も緊張しているに違いない。怖いのは自分だけじゃない」と思うこと**。そのマインドでリングに上がれば、きっと大丈夫です。どんなに強くて才能があるボクサーでも、初めての試合は必ず緊張するものだから。

それから、緊張は適度にあったほうがいいです。僕自身がそうでした。リングに立っているのにリラックスしすぎているというのは、気持ちが浮ついているというか、どうしても動きが鈍くなってしまいます。でも、**緊張しているというのは、集中力が高まっている証拠**。少しくらい緊張しているほうが、いい状態で試合を進められるんです。

あとは、練習や試合を重ねて慣れること。**経験を積んでいけば、リングに上がっても極度に緊張することはなくなりますよ。**

試合には出ないがボクシングは続けたい。何を目標にすればいいですか？

ダイエットやストレス解消、健康目的の方も大勢いる

試合に出なくても、本格的なスパーリングをしなくても、もちろんボクシングの練習を続ける意味は人それぞれ、いくらでもあると思います。僕が運営するジムにも、ダイエット目的などで通っている人はたくさんいますよ。ストレス解消のためにサンドバッグをたたいているという人もいます。普段あまり運動をしない人は、やればやるだけ体力がつきます。そのうち自分の実力を試したくなって、スパーリング大会に出場する人もいます。

会員の皆さんが口をそろえて言うのが、**ボクシングを始めて「健康になった」「体重が落ちた」「通勤していても体が疲れにくくなった」**ということ。たくさん汗をかいて代謝がよくなり、心身ともに健康になるのでしょう。少し病気をしていたけど、ジムに通っているうちに体が強くなったという人もいます。

老後のことを考えると、70、80歳になっても、自分の足で歩きたいですよね。ボクシングに限ったことではありませんが、運動にはそういう効果があります。**健康が大事なことはわかるけど、何をしたらいいのかわからない。そんな人こそ、ぜひボクシングを始めてみてください。**

強いパンチが打てるようになる特別な練習方法はありますか？

毎日サンドバッグを打ち続けて、強いパンチの打ち方を体で覚える

ボクシングをやっている人なら誰もが強いパンチに憧れるもの。でも、これだけははっきり言っておきます。**簡単に強いパンチが身につく秘訣や極意はありません。**

僕自身、高校生の頃はパンチ力がある選手ではありませんでした。先ほども言いましたが、大学に入ったばかりの頃はほとんど雑用係。それでも、毎日のサンドバッグ打ちは欠かしませんでした。例えば、**10ラウンドをとにかく全力で打ち続ける。ストレートだったらストレートだけを打ち続けてもいい**。そうしているうちに、パンチを打つために必要な筋力が自然とついてきて、体も大きくなってきた。「**先週よりもパンチがサンドバッグに埋まるようになってきたな**」「**いい感じの音になってきたぞ」というところから、パンチ力がついてきたと実感**できるようになりました。パンチ力をつけるために筋力トレーニングをしている人もいますが、それだけでは効果はないと思います。体は華奢でも、パンチ力がある選手はたくさんいます。逆に体はムキムキなのに、パンチ力はさっぱりという人もいます。

大事なのは、毎日サンドバッグを打ち続けて、強いパンチの打ち方を体で覚えること。練習は嘘をつきません。

ワンツーを磨くべき？ 先に進むべき？

ジャブとストレートが打てないと試合で勝つのは難しい

最初に習うジャブとストレート、そのコンビネーションであるワンツーをどこまで練習してから次に進むべきか一概には言えません。ただし、ジャブとストレートがしっかり打てないと試合をやっても勝つのは難しいでしょう。対戦するのは人間であって、サンドバッグではありません。近距離で威力を発揮する**フックをいきなり打っても、簡単にかわされるだけ**です。

ポイントは、**ストレート系のパンチでプレッシャーをかけて、相手のどこに隙が出るかを考える**こと。その意味でも、ワンツーは大事です。

一人でもできる練習方法は？

ウェイトトレーニングは、軽めの重量でスピードを養う

特に初心者は、周りに教えてくれる人がいるなら教わったほうがいいですが、一人でも基礎的な体力や動きを身につける方法はあります。

僕が大学時代にやっていたのは、**とにかくサンドバッグを打ち続けること。それ以外は、ウェイトトレーニング**です。ただし、重い重量を持ってやるのではなく、１セット30 〜 50回くらいできる重量を使って、スピードを養っていました。あとは、腕立て伏せやランニングなど基本的なものばかりです。

Q7

もう若くはない自分にもできますか？

基本的な体力があれば、いくつからでも始められる

ボクシングは、基本的な体力さえあれば、いくつになってからでも始められます。うちのジムにも**50歳とか60歳でボクシングを始める人**はいます。やっていくうちに、どんどん楽しくなるようですね。

年齢に関わらず気をつけなければいけないのは食生活です。トレーニングをしたあとはしっかりタンパク質を摂らないと、筋肉がつかないし体力も回復できません。「練習のあとに飲むビールが最高！」という人もいますが、強くなりたければトレーニングのあとのお酒は控えたほうがいいでしょう。

子どもにボクシングをさせても大丈夫？

殴り合わなくても強くなれる。それがボクシング

ボクシングといっても、子どもにスパーリングや試合をさせるジムばかりではありません。そこは目的に合わせて、入会前にしっかり確認しましょう。

何より、**ボクシングは全身運動**です。瞬発力や体力を養う意味でも、子どもの頃からボクシングに慣れ親しむのはいいことだと思います。フットワークも大事なので、**下半身の強化**にも効果的といえるでしょう。**ミット打ちをやればスタミナ**がつくし、**メンタルも強く**なります。

現役時代、食生活で気をつけていたことは?

野菜、果物、肉、魚をしっかり摂る。朝は自家製の野菜ジュースを飲むのが習慣

ボクサーは体が資本です。そのため、**野菜、果物、肉、魚をしっかり摂るなど、特に栄養面には気を配っていました。**

よく食べていたのが焼肉です。現役の頃は週に2回、午前のトレーニングを11時くらいに終えると、そのまま焼肉のお店に行って焼肉を食べていました。そして、夕方から練習をして、終わったらまた焼肉店に直行。カルビなど脂肪分が多い部位はさけていましたが、そんな食生活を繰り返していました。トレーニングで筋肉を使うので、タンパク質を摂ることはやはり大事だと思います。

朝は自家製の野菜ジュースを飲むのが習慣でした。ロードワークから帰ってきたら、6～10種類の果物、野菜をミキサーにかけ、それをオレンジジュースで割って飲む。食材はほうれん草やトマト、スイカ、バナナなど家にあるもの。それを毎日、1リットルくらい飲んでいました。

そうやって**普段から食事を管理していたので、減量もそれほど苦にはなりませんでした。**

Q10

ボクシングに必要なスタミナをつけるには どうしたらいいですか？

ロードワークに ダッシュ系トレーニングを追加。 普段のトレーニングで 心肺機能を鍛える

ラッシュをかけると体力も消耗しますよね。パンチを絶え間なく打ち続けるので、息が上がるのも当然です。**ボクシングに必要なのは、3分×試合のラウンド数を全力で動けるスタミナ**。体力の回復を早めるためにも、普段のトレーニングで心肺機能を鍛えておきましょう。

ロードワークは、ボクサーに欠かせないトレーニングの一つです。ただし、どれだけ長い距離を走っても、ゆっくり走っていては意味がありません。有酸素運動としては効果的かもしれませんが、これではボクサーに必要な体力がつかないのです。

僕が現役の頃は、ロードワークにダッシュ系のトレーニングを取り入れていました。例えば、**30～50メートルの坂道をダッシュで20往復する。あるいは、800メートルの距離を3分以内で走り、それを12本など。インターバルを1分にすれば、ちょうどボクシングの試合で12ラウンドを戦う時間と同じ**になります。パワーマックスと呼ばれる自転車型の器具を全力で漕いだこともありました。皆さんも、自分の体力や目的に合わせたトレーニングを探してみてください。

用語解説

ローマ字

KO
ノックアウト。相手の加撃によってダウンし、レフェリーがカウントを10数え終わること。ノックアウトで試合終了となる。

TKO
テクニカルノックアウト。プロの試合で負傷、棄権の申し出などで試合続行不可能とレフェリーが判断した場合、テクニカルノックアウトで試合終了となる。

ア行

アウトボクサー
フットワークを使い距離を保ったスタイルを基本とする選手のこと。

アグレッシブ
積極的攻勢に出ること。

アッパー
下からあごを突き上げるように打つ。接近戦で有効。

アップライトスタイル
上体を立てて後ろにそらした構え。

インターバル
試合でラウンド間の休憩時間。

インパクト
パンチが当たる瞬間のこと。

インファイター
前へ出て接近戦を挑むタイプの選手のこと。

ウィービング
上体を左右に動かし、相手の加撃を防御する動作。

エイトカウントシステム
健康管理のため、ダウンした選手を8までカウントして休ませること。

オーソドックス
左足、左手を前に出して体の側面を相手に向け、左手は目線と水平に、右手はあごにつける構え。

オーバーウェイト
計量時に規定の体重を超えていること。失格となる。

オープンブロー
グローブを握らず、開いた状態で攻撃すること。反則となる。

カ行

ガード
拳・腕で顔面への攻撃を防御する方法。

カウンター
相手の攻撃・前進にタイミングを合わせて打ち込み、ダメージを増大させる加撃。

カットマン
試合中に負った傷の止血を担うセコンドの一員。

クラウチングスタイル
上体を前にかがめた構え方。

クリーンヒット
ナックルパートで的に当たったパンチ。アマチュアではポイントの優劣につながる。有効打。

クリンチ
両者の体が密着し攻防が中断した状態。

クロスカウンター
打撃する相手のタイミングに合わせて、交差して打つカウンター攻撃。

グロッキー
攻撃を受けて朦朧とした状態。

計量
試合を前にしての体重測定。

コークスクリューパンチ
当てる瞬間に拳をひねるストレート。

ゴング
ラウンド開始と終了時に鳴らされる鐘。

コンビネーション
複数のパンチを組み合わせた攻撃。

サ行

サイドステップ
横へのステップのこと。間合いの調整、防御動作、攻撃への連携動作と様々な局面で行う重要な動き。

サウスポー
左構えのこと。右足・右手を前に出し、体の側面を相手に向けた構え方のこと。

ジャッジ
リングサイドで採点をする審判員。

シャドー
相手選手をイメージして行う練習。鏡の前でフォームのチェックをする場合もある。

ジャブ
構えた前の手の肘の屈伸で突き刺すように打つパンチ。

スイッチ
試合中に右構えと左構えを切り替えて使うこと。

スウェーバック
頭の位置を後ろに移動させて頭部への攻撃をかわす防御法。

ステップアウト
間合いを詰めてきた相手に対し、素早く後ろへ移動して距離を取る動作。バックステップ。

ステップイン
前方へ素早く移動すること。ステップインの踏み込みと同時にパンチを出すことで攻撃の威力を増すことができる。

ストレート
全身の動きを使い、相手に向かって真っすぐに繰り出す加撃。

スパーリング
実際の試合と同じように対戦する形式の練習。

スリップ
パンチのヒットではなく、足を滑らせたり、押されてバランスを崩したり、ダメージなしに倒れること。

セコンド
インターバル中に選手の世話をし、アドバイスを与える人。

タ行

タイムキーパー
各ラウンド3分間を計り、ダウンカウントをレフェリーに知らせる係。

ダウン
有効打を受けて体の足底以外が床に触れた場合にレフリーがカウントする。

ダッキング
両ひざを曲げて上体をかがめ、頭部への攻撃をかわす防御動作。

ダブルノックダウン
両者がダウンすること。片方が倒れていればカウントを取り続ける。

テクニカルノックアウト
「TKO」の項を参照。

ドクターストップ
試合での負傷やダメージの状態によって医師が診断し、試合続行不可能をレフェリーに進言する。

ナ行

ナックルパート
握った拳の親指以外の第1、2関節の部分。

ニュートラルコーナー
赤、青以外の2つのコーナー。相手がダウンしたときはニュートラルコーナーで待機する。

ノックアウト
「KO」の項を参照。

ハ行

パーリング
相手のパンチをはじいて軌道を変える防御のこと。

バックステップ
後ろへのステップのこと。相手との間合いの調整だけでなく、防御動作としても使われる。ステップアウト。

パンチドランク
長期間繰り返し頭部に打撃を受けたことによる後遺症。言語、記憶力などの障害が出ることがある。

バンデージ
練習や試合のときに拳を保護するために手に巻く布のこと。

ヒットアンドアウェイ
加撃してすぐに相手の射程距離から離れることを繰り返す戦法。

ファイトスタイル
ボクシングにおける戦い方。ボクサーには大きく分けて、接近戦をする「インファイター」、距離をとる「アウトボクサー」、その両方の特徴を持つ「ボクサーファイター」の3タイプの選手がいる。

ファウル
反則行為。

フェイント
見せかけのパンチを打つなど、相手のミスを誘ったり、かく乱させるための動作のこと。

フック
腕を直角に曲げて、腰の回転とともに強く振り抜く加撃。

フットワーク
足の運び方。足さばき。

ブレイク
クリンチ状態でレフェリーが命じる。お互いに後退してから試合を再開する。

ブロッキング
相手のパンチをグローブや腕、肩などで受け止める防御のこと。

ヘッドスリップ
ひざのバネを使って体を左右に振ることで、頭を左右に動かして打撃をかわす防御法。

ホールディング
手や腕で抑えたり抱え込んで、相手の動きを拘束する反則行為。

ボクサーファイター
相手との距離を取っても、接近しても、いずれでも戦える選手。

ボディブロー
ボディへの加撃のこと。

マ行

マスボクシング
寸止めで打ち合う練習方法。

メディシンボール
革で覆われた1 ～ 5kgほどのボールのこと。腹筋を叩くことでボディの強化につながる。

モーション
動作。身振り。

ラ行

ラッシュ
猛然と攻撃すること。

レフェリー
主審。担当試合の全権を担っている。

ロードワーク
走り込みの練習のこと。長距離走、インターバル走などがある。

ロープダウン
ロープに寄りかかり、攻撃も防御もできない状態。

ローブロー
ベルトラインから下を打つこと。反則となり減点の対象となる。

おわりに

2011年の大晦日に行われたWBAスーパーフェザー級王座統一戦は今でも忘れることができません。その瞬間が訪れたのは11ラウンドです。メキシコのホルヘ・ソリス選手を左フックで倒し、4度目の防衛と王座統一を果たしました。

プロで24勝（20KO）2敗1分の戦績を残しましたが、自分の中ではあれが一番、練習してきた通りのパンチでした。

「ボクシングの魅力は何ですか？」

そう聞かれることも多いのですが､自分は「2本しかない腕で相手を倒す」ところに芸術性を感じています。グローブをつけ、なおかつ隙間がそれほどないにも関わらず、相手にパンチを当ててKOするのですから。駆け引きもあり、非常に頭を使うスポーツです。

最近はトレーナーの教え方が近代的になり、トレーニングの質も向上してきました。それに伴って、パンチ力があり、日本人の強みである“根性”を持つボクサーが世界で活躍する機会も増えてきたように思います。ボクシングをやっている全ての選手にチャンスが訪れる時代になりました。

しかし、どれだけトレーニングが近代的になっても、基本を疎かにしてはいけません。「はじめに」にも書きましたが、基本ができていないと実戦にはつながらないのです。サンドバッグやミットにたたき込む無数のパンチが、いつか試合での価値ある“一発”となって実を結ぶと自分は信じています。

現役は引退しましたが、ボクシングに対する情熱は衰えることがありません。これからもボクシング界の発展のために、自分にできることを精一杯努力していきたいと思います。

最後まで本書を読んでいただき、ありがとうございました。

内山高志

監修者

内山高志（うちやま・たかし）

元WBA世界スーパーフェザー級スーパー王者

高校からボクシングを始め、拓殖大ボクシング部で活躍。大学卒業後は会社勤めをしながら、全日本選手権3連覇、アマチュア4冠の実績を誇る。2005年にプロ入り。連戦連勝で白星を重ね、2010年1月にフアン・カルロス・サルガド（メキシコ）をTKOで下し、WBA世界スーパーフェザー級王者に就く。以降、「KOダイナマイト」の異名で破格のパンチ力と鉄壁のディフェンス力を兼ね備えてKOの山を築き上げ、11回連続防衛を果たす。2017年の現役引退後はボクシング・フィットネスジムを経営する傍ら、TVなどで解説者を務めている。プロ通算27戦24勝（20KO）2敗1分。埼玉県出身。

モデル

三代大訓（みしろ・ひろのり）

**第44代OPBF東洋太平洋
スーパーフェザー級王者**

2017年のプロ転向後順調に勝ち星を重ね、18年6月、東洋太平洋スーパーフェザー級王者に。その後、4回連続防衛ののち、OPBF王座を返上。島根県松江市出身。ワタナベボクシングジム所属。

宇津木秀（うつぎ・しゅう）

第63代日本ライト級王者

2018年3月プロデビューをTKO勝ちで飾る。その後連戦連勝で22年2月には日本ライト級王者に。埼玉県所沢市出身。ワタナベボクシングジム所属。

●**監修**　**内山高志**

●**撮影協力**　**KOD LAB FITNESS BOXING**

プロボクサー育成ではなく、体を動かす気持ちよさ、健康であることの幸福感を味わってもらうことを目的とした、ボクシング・フィットネスジム。
東京都新宿区四谷3-4 四谷SCビル2階

●編集　ナイスク https://naisg.com
松尾里央　岸正章　藤井姫由　佐竹一秀
●デザイン　小澤都子(レンデデザイン)
●取材・構成　岩本勝暁
●撮影　河野大輔　小林靖
●モデル　三代大訓　宇津木秀

強くなるボクシング

監　修　内山高志（うちやまたかし）
発行者　深見公子
発行所　成美堂出版
〒162-8445　東京都新宿区新小川町1-7
電話(03)5206-8151 FAX(03)5206-8159
印　刷　広研印刷株式会社

ISBN978-4-415-33222-2
落丁・乱丁などの不良本はお取り替えします
定価はカバーに表示してあります